진작 이렇게
생각할 걸 그랬어

90년생만 이해할 수 있는
41가지 인생 띵언

양지아링 지음 | **정세경** 옮김

진작
생각할 걸 그랬어

개념이

포레스트북스

　　　　　　　내가 열일곱 살일 때 학교에서 전교
생에게 작문 훈련을 시켰다. 우리는 보통 2주에 한 번씩 원고지
600자 분량의 글을 써서 학교에 제출해야 했다.

　당시 나는 작가의 꿈을 키우며 이 과제에 온갖 정성을 기울였
지만, 국어 선생님께 돌려받은 내 원고에는 늘 '감정 표현이 부족
하다'란 한 줄짜리 평가가 적혀 있었다. 처음 이 평가를 받았을 때
나는 한동안 펜을 들 엄두를 내지 못했다. '나는 글맛을 살리는 재
주가 없나 봐. 앞으로도 어색하고 생동감 없는 글만 쓰게 되는 건
아닐까'라며 스스로 어설픈 글솜씨를 탓했다. 그때만 해도 나는
영원히 작가가 될 수 없을 거라고 생각했다.

　그로부터 10년이 지난 스물일곱 살의 어느 날, 나는 또다시 원

고를 마주해야만 했다. 대학원 졸업에 필요한 논문을 제출해야 했기 때문이다. 열일곱 살 때와 다른 점이 있다면 이번에는 짧은 글이 아니라 긴 논문을 써야 한다는 것이었다. 나는 지난 경험을 떠올리며 더 조리 있는 문체로 글을 쓰기 위해 노력했다. 그 덕분인지 이 논문으로 상까지 탔다. 그뿐 아니라 한 출판사에서 내 논문을 보통 사람들도 쉽게 읽을 수 있게 고쳐 써서 책으로 출간해보자는 제의도 받았다. 출판사와 계약서를 쓰던 날, 나는 곧 꿈을 이룰 수 있다는 생각에 뛸 듯이 기뻤다.

그 뒤로 원고를 몇 번이나 고쳐 쓰고 의견을 나눴지만 결국 출판사는 내게 계약을 파기하자고 했다. 담당 편집자는 내 책이 출판에 적합하지 않다고 부드럽게 돌려 말했지만, 사실은 내 글쓰기 실력이 아직 부족한 탓이었다.

그날 오후, 출판사를 나선 나는 분명 햇볕 아래 서 있는데도 한기가 느껴졌고 온몸이 바들바들 떨렸다. 집으로 돌아가면서 앞으로 다시는 글을 쓸 수 없으리라고 생각했다. 나는 이성적인 글도, 따뜻한 감성을 담은 글도 잘 쓰지 못하는 사람이니 말이다.

하지만 어떤 열정은 유전자 안에 새겨져 있다고 했던가. 나는 그 후로도 글에 대한 갈증을 쉽게 내려놓지 못했다. 그러던 어느 날, 페이스북 계정을 만들고 내 일상이나 생각을 기록한 짧은 글을 매일 하나씩 올리는 것부터 다시 작가의 꿈을 키워나가기로 마음먹었다. 이번에는 정말 최선을 다해보기로 한 것이다.

물론 이 역시 쉬웠던 건 아니다. 매일 글을 올리면서도 나 자신에게 '계속해도 괜찮을까?' 혹은 '누가 내 글에 신경이나 쓸까?'라는 질문을 몇 번이나 던졌다. 하지만 그럴 때마다 마음속 깊은 곳에서 이런 소리가 들려왔다. '쓰자! 써야 한다! 나 자신을 위해서라도 글을 쓰자.'

그렇게 꼬박 3년 동안 페이스북에 1000여 편의 짧은 글을 꾸준히 올렸다. 내가 올린 글이 많은 사람에게 읽히면서 널리 퍼졌고, 여러 출판사에서 출간을 제안했다. 그리고 현재, 나는 여러 권의 책을 낸 작가가 되었다.

사람들은 내게 어떻게 20년 동안 꿈을 지켜나갈 수 있었느냐고 묻는다. 하지만 나 역시 작가가 되기까지 내내 흔들렸다. 누군가의 말 한마디에 의욕이 꺾이기도 하고 성공의 문턱 앞에서 넘어지기도 했다. 그 과정에서 열정의 진정한 의미를 알게 됐으며, 꿈은 버린다고 가벼워지는 게 아니라는 것도 깨닫게 되었다. 이 과정을 돌이켜보고 나니 그때의 나와 같이 어딘가에서 헤매고 있을 청춘에게 해주고 싶은 이야기들이 떠올랐다. 그래서 나의 경험과 지난 10여 년 동안 심리 상담 일을 하면서 만났던 내담자들의 사례를 엮어 이 책 『진작 이렇게 생각할 걸 그랬어』를 출간하게 되었다.

올해 나는 서른일곱 살이 됐고 지난날 작문 평가에 눈물짓던 여린 소녀에서 어느덧 20년이나 멀어져 버렸다. 20년 전 국어 선생님이 내게 내린 평가는 정확했다. 내게는 타고난 재능이 없기에 다른 사람들보다 두 배의 시간을 쏟으며 다양한 감정 표현법을 배우고 글 쓰는 연습을 해야 했다. 내가 할 수 있는 온 힘을 다해서 말이다. 스스로 한계를 뛰어넘은 뒤에야 나는 사람들에게 사랑받는 글을 쓸 수 있게 됐다.

이 책에는 아직 목표를 찾지 못하거나 어떻게 성장해야 할지 모르는 청춘을 위한 이야기가 담겨 있다. 내 보잘것없는 관심이 지친 당신에게 의지와 격려가 되길 바란다. 이 책의 작가인 나도 원고를 퇴짜 맞고, 형편없는 작문 점수를 받던 때가 있었다. '글에 감정 표현이 부족하다'라는 평가에서 '작가님, 정말 멋진 글을 쓰시는군요'라는 평가를 받기까지 20년의 세월을 기다려야 했다. 그 덕분에 나는 물이 계속 평탄한 강만 흐르면 물보라를 일으킬 수 없고, 가파른 낭떠러지가 동시에 폭포라는 장관을 만들어낸다는 사실을 깨달았다. 그리고 당신도 이 모든 것을 경험하고 꿈을 이룰 수 있으리라 믿는다.

마지막으로 그동안 글쓰기를 단 한 번도 포기하지 않았던 내게 고맙다는 말을 해주고 싶다. 나는 내가 정말 좋아하는 작가 가운데 하나다.

양지아링

차례

Chapter 1

'적당히' 하면 아무것도 이룰 수 없다

Chapter 2

천천히 가되, 뒤로는 가지 않는다

Chapter 3

누군가에게 좋은 사람의 기준이 된다는 것

Chapter 4

사랑이 외로운 건 전부를 걸기 때문이다

Chapter 5

시작하는 사람은 누구나 불완전하다

Chapter 1

'적당히' 하면
아무것도
이룰 수 없다

천천히 가야
더 빨리 도착할 수 있다

이제 막 사회에 발을 내디딘 한 친구가 내게 문자로 물었다.

"어떻게 해야 빨리 내 이름을 알리고 돈을 많이 벌 수 있을까?"

"진실을 듣고 싶어, 아니면 거짓말을 듣고 싶어?"

"당연히 진실이지."

나는 휴대전화 화면에 글을 썼다가 지우며 망설이다, 결국 이렇게 답장을 보냈다.

"네가 진정한 답을 알고 싶다면 이 문제에 대해서는 더는 물어보지 마."

친구는 내가 한 말에 무게감을 느낀 건지, 아니면 내가 화가 났다고 오해했는지 그 뒤로 답장을 하지 않았다.

사실 내게 이런 질문을 하는 사람은 그 친구 외에도 많았다. 대형 서점을 한 바퀴 돌아보면서 요즘 어떤 책이 베스트셀러인지만 살펴봐도 이 질문에 답을 얻고 싶어 하는 사람들이 많다는 것을 알 수 있다. 표지는 물론이고 본문 곳곳에 10시간, 1개월 또는 1년 만에 어떤 일을 마스터할 수 있는 비법이라든지 어떻게 하면 어린 나이에 성공할 수 있는지 등을 소개하는 책들이 넘쳐난다.

나 역시 한때는 이런 타이틀에 현혹되어 지름길을 찾는 방법을 고민했다. 나를 이끌어줄 귀인이나 스승을 찾지 못해 지금 이렇게 고생하는 것 아니겠냐고 생각하기도 했다. 뭔가 특별한 비법을 찾으면 더 빨리 목표에 이를 수 있다고 믿었던 것이다.

이렇게 조급증을 내던 와중에 같은 심리 상담 분야에 종사하는 한 선배를 만나게 되었다. 나는 선배에게 어떻게 해야 빨리 실력 있는 심리 상담사가 될 수 있는지 조언을 구했다. 그러자 선배가 말했다.

"사람들을 치유하는 능력을 기르는 건 아주 간단해. 매주 한 가지 상담 사례를 선택해 내담자와 나눴던 이야기를 한 글자도 빼놓지 않고 컴퓨터 문서로 옮겨 쓰며 정리하는 거지. 다른 건 내가 말하지 않아도 하다 보면 자연히 알게 될 거야."

선배의 대답을 들은 나는 이 선배가 후배를 가르치는 일에 게으르거나 요령을 알려주기 싫어서 괜한 핑계를 댄다고 생각했다. 하지만 당시 신입이었던 나는 선배의 지시대로 해보는 수밖에 없었다. 그렇게 마치 로봇처럼 들은 말을 글자로 옮겨 적는 일을 시작하게 되었다.

처음 시작할 때만 해도 나는 이 일이 그다지 어렵지 않을 거라고 생각했다. 하지만 사람들이 말하는 속도는 내 예상보다 훨씬 빨랐다. 당신도 한 사람이 1분 동안 할 수 있는 말을 한번 계산해보라. 그러면 1시간 동안 대화를 나눈다고 할 때 그 자료의 양이 얼마나 많아질지 금세 알 수 있을 것이다.

실제로 처음에는 10분 동안 나눈 대화를 컴퓨터로 옮겨 적는데 2시간이 걸렸다. 게다가 심리 상담은 한 번에 최소 50분이 걸렸다. 다시 말해 선배가 내준 숙제를 끝마치려면 적어도 컴퓨터 앞에 10시간 가까이 앉아 있어야 했다. 일주일에 하루는 반드시 상담 내용을 옮겨 적어야 했는데, 제때 해내지 못하면 미처 하지 못한 숙제가 그다음 주까지 나를 쫓아왔다. 타자하는 요령이 생긴 뒤에는 속도가 훨씬 빨라졌지만, 여전히 숙제를 하는 데 적어도 8시간이 걸렸다. 이는 보통 회사원들의 하루 업무 시간과 맞먹는다.

솔직히 말해서 당시 선배가 내준 숙제를 할 때 내 기분은 스승을 만난 어린 제자 같았다. 매일 빗자루로 바닥을 쓸고 물을 긷는 일에 염증을 느끼면서 사부가 언제 내게 절세 무공을 가르쳐줄지를 궁금해했다고나 할까. 하지만 사부는 그저 내 머리를 쓰다듬으며 계속 바닥을 쓸라고 할 뿐이었다.

그런데 놀라운 일이 생겼다. 그렇게 일주일에 한 번씩 상담 내용을 옮겨 적다 보니 어느새 전기가 통하는 것처럼 내담자가 입으로 하지 않았던 말이 무엇인지, 그의 진짜 고민이 무엇인지를 깨닫게 되었다. 이론적인 분석이 아닌 마음 깊은 곳에서부터 내담자의 문제를 완전히 이해하게 된 것이다. 그 과제는 내게 성장의 첫걸음은 '시간'을 몸에 새기는 일이라는 사실을 똑똑히 알려주었다.

만약 그렇게 많은 시간을 수련하지 않았다면 이 깨달음은 얻지 못했을 것이다. 다만 무엇을 얻었냐는 질문에 대해서는 명확하게 대답할 수 없다. 어떤 사례나 대화가 내게 깨달음을 준 것인지조차 알 수 없다. 마치 과일이 어떤 날의 태양이나 비로 영양분을 얻어 무르익었는지 구분할 수 없는 것처럼 말이다. 특별한 비법이 있었던 것도 아니다. 그저 깨달음이 올 때까지 성실히 해낸 것뿐이다.

돌아보면 나는 스스로 특별한 사람이라 여기고, 착실히 경험을 쌓고 노력을 기울이는 것은 평범한 사람들이나 할 일이라고 생각했다. 그리고 남들보다 먼저 도착할 수 있는 지름길을 찾아 단번에 목표에 도달하고자 했다. 당시에는 스스로 적극적이고 영리하며 효율적인 방법을 찾는 중이라고 생각했지만, 사실 이는 책임을 회피하고 현실을 외면하며 환상만 키우는 일이었다. 다행히 하느님은 이 어리석은 바람을 이뤄주지 않으셨다. 그리고 이런 깨달음을 얻은 뒤에야 그동안의 내가 얼마나 오만하고 건방진 사람이었는지 알게 되었다.

나는 한 가지 능력을 기르는 일은 물을 끓이는 과정과 같다고 생각하게 되었다. 물을 끓일 때 솥이 서서히 달궈짐에 따라 물의 온도도 조금씩 올라가는 것처럼, 우리도 인내심을 가지고 계속해서 노력해야 한다. 때로는 불이 약해질 때도 있겠지만, 포기하지 않고 지속하면 언젠가 물이 끓어오르는 순간을 마주하게 된다. 이때 조급함을 참지 못하고 자꾸 뚜껑을 열어 물이 끓는지 확인하면 더 오랜 시간을 기다려야 할 뿐이다.

노력의 과정이 없는 성공은 절대 있을 수 없다. 모든 일의 공로는 땀과 눈물로 이뤄지며, 허술함의 대가 역시 스스로 치러야 한다. 지름길로 가려고 할수록 더 먼 길을 돌아갈 뿐이다.

가만히 생각하니 내게 질문한 친구에게 정답을 알려주지 않은 건 잘못한 일인 것 같다. 나는 휴대전화를 열어 친구에게 문자를 보냈다.

"지름길은 가장 먼 길이야. 가장 가까운 길은 지속하는 거고. 천천히, 그리고 꾸준히 가면 오히려 더 빨리 도착할 수 있어."

흔들리지 않으면
느낄 수 없는 것들

한 친구가 내게 물었다.

"너는 뭘 쓸지, 어떻게 써야 사람들이 좋아할지에 대한 영감을 어디서 얻니? 저절로 샘솟는 거니?"

친구의 말에 나는 고개를 절레절레 저었다.

"아니야, 저절로 떠오른 적은 단 한 번도 없어."

"그럼 넌 어떻게 계속 뭔가를 써낼 수 있는 거야?"

"한 글자 한 글자 어떻게든 생각해내는 거지! 글 쓰는 사람은 어찌 보면 공사장에서 일하는 인부와 마찬가지야. 글자 하나하나를 적는 일은 벽돌을 한 장씩 옮기는 것과 같아. 글 쓰는 과정은 조금도 낭만적이지 않아. 온 힘을 쏟아부어야 겨우 벽돌 한두 장 옮기는 때도 많으니까."

"그렇구나. 그럴 때마다 좌절감이 느껴지지는 않아?"

"나는 좌절도 창작의 일부라고 생각해. 오히려 좌절은 내가 더 나은 작가가 되기 위해 꼭 필요한 존재야. 좌절을 뛰어넘지 못하면 글을 쓰지 않는 보통 사람들과 똑같아지겠지만, 뛰어넘으면 내 작품은 더 가치가 높아질 테니까."

"그러니까 네 말은, 네가 하는 글쓰기는 끊임없이 좌절을 딛고 사람들이 흥미를 느낄 만한 뭔가를 생각해내는 일이란 거네. 여기서 좌절은 걸림돌이 아니라 창작의 과정이고."

"그래, 넌 아마 내가 글 한 편을 쓰기 위해 얼마나 많은 생각을 하는지 모를 거야. 매일 머릿속에 그림자처럼 작은 소리가 따라다닌다니까. '이렇게 쓰면 아무도 읽어주지 않을 거야', '이 주제는 너무 재미없잖아', '이건 너무 진부한데', '넌 네 생각이 모두 맞다고 생각해? 이러다 쓴맛을 볼지도 몰라' 하고 말이야. 이런 의심은 계속 꼬리를 물고 이어지지. 그래서 나는 내가 쓴 글이 마음에 들지 않으면 이미 몇 자를 썼든지 상관하지 않고 쓰레기통에 던져버려. 그리고 다시는 밝은 세상을 못 보게 하곤 하지."

"그러고 나면? 글 쓰는 게 싫어지지는 않아? 여전히 열정이 남아 있어?"

친구의 말에 나는 불현듯 『먹고 기도하고 사랑하라』의 저자 엘리자베스 길버트Elizabeth Gilbert가 한 말이 떠올랐다.

"살아가면서 반드시 자신에게 던져야 할 질문은 '나는 무엇에 열정이 있는가?'가 아니라 '나의 열정은 어느 정도까지 나를 버티게 하는가?'이다."

나는 작가이기에 쓸거리가 떠오르지 않는 초조함을 견뎌야 한다. 또 내가 쓴 원고가 출판사에서 퇴짜를 맞는 일도 감수해야 하며, 출간하게 되더라도 누구도 읽어주지 않을 수 있다는 불안감도 버텨내야 한다.

작가가 아닌 다른 직업도 마찬가지다. 당신이 만약 사진작가라면 날씨의 변화와 열악한 촬영 현장, 제한된 시간, 밤낮 없는 수정 작업에 대응해야 할 것이다. 또 당신이 배우가 되고 싶다면 대중의 날카로운 시선과 손가락질, 이리저리 이동하며 촬영하는 불편을 참아야 할 것이다. 요리사라면 가장 신선한 식자재를 고르기 위해 매일 이른 아침에 일어나 시장에 가야 하며, 손님이 몰릴 때는 밀려드는 주문을 소화하면서도 똑같은 품질을 유지하고, 뜨거운 불과 날카로운 칼을 겁내서도 안 된다. 이처럼 세상에 고되지 않은 일은 없으며 모든 선택에는 열정만으로는 감당하기 힘든 부분도 있게 마련이다.

직업뿐 아니라 인간관계도 마찬가지다. 사랑만으로는 온전한 가정을 꾸리기 어렵다. 서로 희생하고 어떤 어려움을 겪더라도 현실을 회피하지 않겠다고 약속해야 한다.

그러므로 나는 영감에만 기대어 글을 쓸 수 없다. 영업하는 사람이 기분 내키는 대로 고객을 대하다가는 굶어 죽게 되는 것처럼 말이다. 전문성의 척도는 절정기에 얼마나 놀라운 성과를 일 궈내느냐가 아니라 어떤 어려움을 만나도 이를 극복하고 꾸준히 노력해 적합한 성과를 거두느냐에 달려 있다.

입만 열면 자기 일을 얼마나 사랑하는지 떠드는 사람이 있다고 해보자. 그런데 그가 정작 일은 제대로 하지 않고 핑곗거리만 찾는다면, 단언컨대 그는 자신이 말하는 것처럼 그 일을 좋아하는 사람이 아니다. 뭔가를 좋아하면서 책임과 희생을 피하려 하면 결코 박수받을 수 없다.

만약 120분짜리 영화에서 주인공이 채 몇 분도 고난을 겪지 않고 벼락출세를 하거나 적장의 목을 벤다면, 당신은 이 이야기가 동화에 불과하다며 냉정하게 극장을 떠날 것이다. 영화뿐 아니라 드라마나 소설의 주인공도 하나같이 숱한 어려움을 이겨낸다. 하지만 우리는 영화가 끝나고 나면 주인공이 고통받았다는 사실은 잊어버리고 그가 이뤄낸 성과만 기억하곤 한다.

이제 인생에는 언제나 우리의 발목을 붙잡는 무언가가 있다는 것을 인정하고 받아들여야 한다. 제아무리 대단한 사람이라 한들 걷기도 전에 날 수는 없다는 뜻이다. 우리가 해야 하는 일은 좌절하는 대신 착실하게 한 걸음 한 걸음 걸어나가며 자신의 할 일을 하는 것이다.

고난과 시련은 우리의 자신감을 무너뜨리기 위해서가 아니라 우리가 그것을 얼마나 원하는지를 가늠하기 위해 존재한다. 꿈을 이루는 과정에 고통을 참아내고 좌절을 이겨내는 일이 포함되어 있지 않다면 당신이 계획한 미래는 그저 '헛소리'가 되고 만다. 다시 말해 좌절을 견딜 수 없다면 당신은 결코 꿈을 이룰 수 없다. 꼭 이뤄내고 싶은 무언가가 있다면 넘어져도 다시 일어나 열심히 달려가자. 포기하지 않고 달릴수록 당신을 향한 박수 소리는 더욱 커질 것이다.

뭔가를 배우려 하기 전에
방향을 정해라

　　　　　　　　　　10여 년 동안 한 직장에서 열심히 일
한 친구가 사표를 던진 뒤 '갭 이어_{gap year}(흔히 고교 졸업 후 대학
생활을 시작하기 전에 일하거나 여행을 하면서 보내는 1년-옮긴이)'를
갖기로 마음먹었다. 그녀는 이 1년을 통해 인생의 하반기를 위한
새로운 길을 개척해보겠다고 말했다.

　이후 그녀는 자신을 위해 다양한 수업을 들어보기로 했다. 온
갖 기술과 재주, 전문 분야를 배우는 수업으로 꽉 찬 그녀의 스케
줄을 듣고 나는 슬쩍 놀리듯 말했다.

　"대학교 때도 이렇게 열심히 한 적은 없는 것 같은데?"

　그녀는 조금 의기양양한 목소리로 대꾸했다.

　"그 덕분에 지금을 더 소중히 여길 줄 알게 됐잖아!"

그녀의 눈은 반짝반짝 빛났고 목소리는 희망으로 가득했다.

그런데 얼마 지나지 않아 친구의 얼굴은 의기소침해졌다. 그녀는 한숨을 내쉬며 말했다.

"어떡하지? 나는 아무래도 열정을 찾을 수 없을 것 같아. 평생 이렇게 흐리멍덩하게 살아야 하는 걸까?"

그동안 친구가 수강한 수업들의 내용과 소감을 자세히 들어보니 그녀에게는 딱히 큰 문제가 없었다. 다만 배운 것들을 새로운 특기로 발전시키기 위한 확신이 부족한 것 같았다. 친구의 하소연을 다 듣고 난 다음 나는 웃으며 말했다.

"넌 열정이 없는 게 아니라 북극성이 없는 거야."

"북극성? 그게 무슨 뜻이야?"

"예를 하나 들어볼까? 네가 그동안 배운 과목들은 모두 하나하나의 나침반이야. 그 나침반들은 서로 다른 인생의 길을 가리키지. 하지만 네가 어디로 갈지, 뭘 찾아야 할지 모른다면 그 나침반들이 가리키는 방향은 아무런 의미가 없어."

"그러니까 어디로 갈지 모르면 뭔가를 배워도 아무 소용이 없다는 거네."

"그렇지. 네가 저기 드넓은 하늘에서 북극성을 찾겠다고 마음먹어야 네 손에 있는 나침반도 제 기능을 할 수 있는 거야. 그렇지 않으면 아무리 나침반이 많아도 앞으로 나아갈 수 없어."

"네 말은 내가 목적을 가지지 않으면 뭔가를 배워봤자라는 거잖아. 그럼 나는 잠시 멈춰서 어디로 가야 할지, 어떤 인생을 살아야 할지를 먼저 정해야겠네. 그래야 지금 배우는 것들이 쓸모가 있어질 테니까."

친구의 말에 나는 고개를 끄덕였다.

그런 이야기를 하는 동안 내 머릿속에는 예전에 만났던 한 내담자의 얼굴이 떠올랐다. 그는 부지런히 이런저런 전문 기술을 배웠지만, 수업은 그다지 의미가 없었다. 그는 계속해서 배운 것을 실천하지 못하고 여전히 이 수업 저 수업을 떠돌며 언젠가 뛰어난 스승이 나타나 자신을 이 고해苦海에서 구해주고 자신에게 맞는 길을 일러주길 바랐다.

하지만 그런 일은 일어나지 않는다. 열정이나 확신은 삶의 방향을 정하는 과정에서 어쩌다 얻어지는 것이 아니라 지속적인 노력을 통해 무르익어가는 것이기 때문이다. 인간관계도 마찬가지다. 처음부터 내게 딱 맞는 사람을 우연히 마주치는 일은 드물다. 서로 끊임없는 노력을 통해 서로에게 맞는 사람으로 바뀌어가는 것이다.

확신이란 최선을 다한 뒤의 행복, 즉 내면에서 비롯된 진정한 만족감을 뜻한다. 이 확신을 통해 당신은 자신의 가치를 확인하고 의미 있는 삶을 살아갈 수 있다. 하지만 이런 만족감을 얻으려면 기꺼이 도전을 받아들이고 고난을 뛰어넘어야 한다. 수박 겉핥기식으로는 결코 진정한 사랑도, 일도, 친구도 찾을 수 없다.

배움이란 열정을 찾는 수단 가운데 하나에 불과하다. 뭔가를 배웠다고 해서 열정이 저절로 자라나지는 않는다. 나침반은 수단일 뿐 목적이 아니기 때문이다. '인생의 북극성'이란 어떤 기술이나 전문 분야가 아니라 당신이 살고자 하는 모양을 뜻한다. 스스로 어떤 삶을 원하는지 대답할 수 있을 때 나침반의 존재도 비로소 의미를 가지게 될 것이다. 마음의 소리에 귀를 기울이고 자신에게 끊임없이 물어보자. 나는 어떤 삶을 살기를 바라는가?

내 길이라는 확신이 들지 않을 땐
그냥 내려놓기

한 친구가 내게 물었다.

"스스로 뭘 하고 싶은지를 알려면 어떻게 해야 할까? 대학을 졸업하고 몇 가지 일을 해보니까 각각 좋은 점도 있지만 싫은 점도 있더라고. 내가 진짜 어떤 일에 흥미가 있는지 한참 찾았는데 아직도 '딱 이거다!' 싶은 게 없네."

요 몇 년 사이에 꿈에 관한 자기계발서가 인기를 끌면서 어려움을 견뎌내고 꿈을 이루는 것이 매우 가치 있는 일이라고 느끼는 사람들이 많아졌다. 그래서인지 요즘 들어 많은 사람이 내게 타고난 운명과 열정에 관해 묻곤 한다.

내게 질문한 친구는 물론이고, 요즘 젊은이들은 노력을 게을리하지 않는다. 어른들이 말하는 '조금만 힘들어도 포기하는 쓸모

없는 애들'도 아니다. 단지 그들에게 삶에서 중요한 선택을 해야 할 때일수록 뭔가를 좇으려고 애쓰기보다 여유를 가져야 한다는 사실을 알려주는 사람이 없었을 뿐이다.

긴장해서 주먹을 꽉 쥐고 있을 때는 손이 얼마나 쑤시는지 모르지만, 긴장이 풀어져 손을 펼치면 자신의 근육이 얼마나 팽팽히 당겨져 있었는지 알게 된다. 열정도 마찬가지다. 당신이 그 뒤를 계속 좇아가기만 하면 열정 역시 뱅뱅 꼬리잡기하듯 당신 뒤를 좇는다. 때로는 멈춰 서야 열정이 당신을 따라잡을 수 있다.

어떤 일에 매달리고 노력해도 내 일이란 확신이 서지 않는다면 차라리 쉬면서 가슴속에 남아 있는 열정의 온기를 느껴보길 바란다. 그럼 자신이 어디에 마음을 두고 있는지 알게 될 것이다.

지금 작가로 활동하고 있는 나 역시 처음부터 글쓰기와 잘 맞았던 것은 아니다. 고등학교 때 작문 숙제를 냈다가 국어 선생님께 '글에 감정 표현이 부족하다', '어휘력이 달린다'라는 냉정한 평가를 받기도 했고, 훗날 쓴 원고도 출판사에 퇴짜를 맞아 글쓰기에 대한 자신감을 잃기도 했다.

그런데 신기하게도, 막상 펜을 내려놓고 작가가 되기를 포기했을 때 여전히 내가 글을 쓰고 싶어 한다는 사실을 발견했다. 머리를 쥐어짜고 온갖 노력을 기울여 써낸 한 줄의 문장이, 내면의 깨달음을 정확히 글로 표현하는 쾌감이 그리웠다. 마음속 깊은 곳에서부터 글쓰기를 원하고 있었던 것이다. 나는 마음이 시키는 대로 다시 펜을 들어 매일 짧은 글을 한 줄씩 쓰기 시작했고, 그렇게 나의 길을 걷게 되었다.

청춘 드라마의 주인공들도 처음에는 서로 대립하고 갈등을 겪다가 상대를 잃고 난 뒤에야 비로소 자신의 진정한 마음을 깨닫곤 한다. 그래서 '소중함을 배울 수 있는 가장 빠른 방법은 잃는 것이다'라는 말이 있나 보다. 어떤 것에 대한 집착을 잠시 내려놓고 일정한 거리를 둘 때 비로소 그것을 원하고 있음을 깨닫게 된다. 마음을 설레게 하는 열정을 발견하는 것이다.

하지만 열정을 찾았다고 해서 그게 다는 아니다. 무언가를 좋아하는 일은 시작일 뿐 그 길을 가는 동안 당신은 크고 작은 난관을 만나게 될 것이다. 꽃을 좋아하면서 그 안의 애벌레를 마다할 순 없다. 이런 존재가 없으면 꽃의 아름다움은 완성되지 않기 때문이다. 아픔과 행복은 상생의 관계로, 고난을 겪을 때 행복의 가치도 더 도드라져 보인다.

열정을 찾았다면 아무리 익숙하지 않은 일이라도 용기 있게 도전해보기 바란다. 그리고 그 길을 걷는 과정에서 겪는 좌절은 당신이 꿈에 그리던 꽃밭의 자양분이 되어 더 아름다운 꽃들이 자라게 할 것이다.

나를 성장시키는 것과
망치는 것

　　　　　　　　　　　어느 날, 한 아이한테 문자 메시지가
도착했다.

　"부모님께서는 제게 미술을 공부하면 나중에 먹고살기 힘들다
며 컴퓨터 프로그래밍을 배우라고 하세요. 하지만 저는 정말 컴
퓨터에 관심이 없고, 그걸 공부한다는 생각만 해도 고통스러워요.
우리 부모님은 정말로 좋아하지 않는 일을 평생 하는 게 더 낫다
고 생각하시는 걸까요?"

　나는 이 메시지를 받고 전에 상담했던 한 학생이 떠올랐다. 그
학생 역시 부모님한테 원하지 않는 분야를 전공할 것을 강요받
았는데, 얼마나 고통스러웠던지 스스로 칼로 손목을 그어 마음속
분노를 표출하기도 했다.

진작 이렇게
생각할 걸 그랬어

한번은 상담 중에 아이가 울면서 말했다.

"어렸을 때 부모님은 제게 별다른 압력을 가하지 않으셨어요. 공부하고 싶으면 하고, 공부하고 싶지 않으면 하지 말라고 하셨죠. 그런데 제가 정말 흥미를 느끼는 일을 찾아 공부하려 하니까 제 앞을 막으면서 그건 너무 힘든 직업이니까 나중에 후회하게 될 거라며 무조건 안 된다고 하시는 거예요. 전 잘 모르겠어요. 지금 제가 이렇게 고통스러운데 그게 다 무슨 소용이죠?"

나는 걱정이 되어 아이의 어머니에게 전화를 걸어 이 상황을 알렸다. 하지만 어머니는 아주 담담하게 말했다.

"괜찮습니다. 아이가 원래 기분이 오락가락하는 편이에요. 며칠만 지나면 괜찮아질 겁니다. 걔는 지금 여자애가 그 많은 남자애와 섞여서 건축 공부를 하는 게 얼마나 힘든 일인지 잘 모르고 있어요. 툭하면 밤을 새워서 작업해야 할 텐데 전 우리 애를 그렇게 힘들게 하고 싶지 않아요. 그래서 다른 분야를 전공하라고 하는 거고요. 걔도 나중에 어른이 되면 제 마음이 어떤 건지 알게 될 거예요."

그 뒤로도 아이의 어머니는 계속해서 "나는 아이를 위해 이러는 거예요"라는 말로 내 입을 막더니 전화를 끊으려 했다. 당시 새내기 상담사였던 나는 이야기가 이렇게 마무리되어 아이가 더 절망에 빠지게 될까 봐 조바심이 났다. 내 목소리가 얼마나 떨리는지 스스로 느낄 수 있었지만, 나는 용기를 내서 조심스럽게 입을 열었다.

"어머님, 제가 보기에는 어머님께서 잘못 생각하시는 것 같아요. 고생과 고통은 다릅니다. 어떤 능력이든 잘하게 되려면 반드시 고생을 해봐야 합니다. 누구나 낯선 일에 익숙해지려면 시간이 필요하니까요. 고생하지 않고 뛰어난 능력을 갖추게 되는 사람은 없습니다. 그렇지만 자신이 원하는 일이라면 과정이 어렵다고 해도 성취감을 느끼고, 스스로 가치 있는 사람이라고 믿게 됩니다. 하지만 어머님께서 계속 아이가 좋아하지 않는 일을 억지로 시키신다면 아이는 매우 고통스러울 겁니다."

나는 잠시 숨을 고르고 다시 말했다.

"고생과 고통의 차이는 주변 사람이 평가하는 게 아닙니다. 스스로 원하는 것을 하는가 아닌가에 있지요. 지금 어머님의 아이는 고생을 두려워하는 게 아닙니다. 자신의 꿈을 실현할 수 없을까 봐 고통스러워하고 있는 겁니다."

수화기 너머에서는 침묵이 이어졌고 나는 인사조차 제대로 하지 못한 채 전화를 끊었다. 그 뒤로 아이는 상담에 참석하지 않았다. 들리는 말에 따르면 휴학을 하고 집에서 쉬고 있다고 했다.

이 일이 있고 난 후 나는 난관을 만날 때면 자신의 꿈을 지키고자 노력했던 그 학생을 떠올리며 '지금의 나는 고생스러운 걸까, 아니면 고통스러운 걸까?'라고 자문하는 습관이 생겼다.

만약 단순히 고생스러운 거라면, 나는 지금의 시련은 더 나은 결과를 얻기 위함이며 고난을 극복한 뒤에는 열매를 맺을 수 있으리라고 믿는다. 하지만 만약 고통스러운 거라면 더 많은 보상이 주어진다고 해도 나 자신을 위해 과감히 포기한다. 고생은 연습과 경험을 거듭하면 덜 수 있다. 하지만 고통은 그렇지 않다. 잘못된 결정을 유지한 채 자신을 단련하면 단련할수록 더 절망스러워질 뿐이다.

또한 고생의 과정을 건너뛰고 행복만 누릴 수는 없다. 그것은 헛된 생각이다. 무언가를 이뤄내려면 반드시 어려움이 따르게 마련이다.

우리는 단련을 통해 성장한다. 고생할 기회를 피하는 것은 스스로 더 나은 사람이 되기를 포기하는 것과 같다. 눈앞의 일이 아무리 힘들게 느껴진다 해도 당신이 원하는 무언가가 있다면 그것은 고생이지 고통이 아니다.

경기를 구경하는 즐거움은 결코 홈런을 치고 베이스를 도는 통쾌함에 비길 수 없다. 당신은 삶의 관중이 되고 싶은가, 아니면 타석에 올라 공을 치는 선수가 되고 싶은가?

최선의 준비를 하되
모든 준비를 마칠 필요는 없다

　　　　　　　　내가 교직을 떠나 창업을 시작했을 때 한 친구가 물었다.

"어떻게 하던 일을 그만둘 결심을 했어? 자기가 한 선택을 믿어도 될지 어떻게 알아? 얼마나 준비해둬야 불안해하지 않고 그런 결정을 내릴 수 있는 거야?"

나는 친구 역시 삶의 중요한 전환점에 서 있음을 알았기에 그 질문에 어떻게 대답해야 할지 신중하게 고민했다. 미지의 세계와 마주해야 할 때 걱정이 앞서는 것은 매우 당연한 일이다. 그래서 사람들은 걱정을 조금이라도 덜기 위해 오랫동안 준비하며 위험을 최소화하려고 한다.

나는 곰곰이 생각하다 친구에게 반문했다.

"만약 네가 미국에 가서 1년을 살게 된다면 생활용품을 얼마큼 준비할 거야? 1개월 치야 아니면 1년 치야?"

친구는 생각할 것도 없다는 듯 바로 대답했다.

"당연히 1개월 치면 되지! 부족하면 거기서 다시 사면 되잖아."

나는 고개를 끄덕이며 다시 물었다.

"그럼 넌 일자리를 옮기는 게 미국에 가서 1년 사는 것과 같다고 생각해본 적은 없어?"

만약 앞으로 발생할 모든 경제적인 문제를 대비해놔야만 직장을 그만둘 수 있다면 당신은 사직서를 제출하기도 전에 자신의 기대에 압사하고 말 것이다. 또한 모든 일에는 철저한 준비가 필요하다고 생각하는 사람은 늘 말로만 언제 출발할지 얘기할 뿐 정작 행동으로는 옮기지 않고 있을 가능성이 크다. 그러나 준비 없이 길을 나서는 것이야말로 진정한 모험이며, 어떤 일은 일단 시작한 뒤에야 자연스럽게 방법을 찾을 수 있다. 다시 말해, 최선의 준비를 하되 모든 준비를 마칠 필요는 없다는 얘기다. 계획은 계획일 뿐 행동이 아니기 때문이다. 아직 준비가 안 됐다며 시간을 끄는 일은 당신의 삶에 아무런 도움이 되지 않는다.

뭔가를 시도하는 일은 여행과 비슷하다. 그리스에 대한 글과 사진을 많이 봤다고 해서 진정으로 그리스를 안다는 의미는 아니다. 직접 나서서 그곳의 땅을 밟아야만 지중해의 하늘이 얼마나 푸른지, 바다가 얼마나 아름다운지를 느낄 수 있다.

지도에 표시된 부호가 아무리 정확해도 그곳의 경치까지는 보여주지 않는다. 책상에 고개를 파묻고 연구에만 매달리다 보면 가장 오르고 싶은 산봉우리가 바로 눈앞에 있다는 사실조차 잊게 된다.

　남의 방식만 따라 하는 것도 문제다. 당신이 수많은 성공 일화를 듣고, 또 아무리 많은 성공 인사를 안다 해도 다른 사람의 경험은 참고가 될 뿐 당신의 삶을 대신할 순 없다. 영리한 사람은 남의 경험을 통해 위험을 피하지만, 절대로 똑같이 따라 하지는 않는다. 다른 사람의 발걸음을 따라가면 언제나 한 걸음 늦을 수밖에 없음을 알기 때문이다.

　내가 좋아하는 영화 「어거스트: 가족의 초상」에 이런 대사가 나온다.

　"미래가 얼마나 위험할지 가늠할 수 없다는 건 행운이야. 만약 무슨 일이 생길지 모두 안다면 겁이 나서 침대에서 내려가지도 못하겠지!"

　삶의 불확실성에 대해 두렵다고 느끼지 말고 기쁨이라고 생각해보자. 달리 보면 아직 잘 모르기 때문에 무한한 가능성이 있는 것이다.

흔들리지 않고
나만의 길을 가는 방법

어느 날 이제 막 석사 학위를 받은
후배가 찾아왔다. 후배는 내게 다짜고짜 자신의 미래에 대한 걱
정을 털어놓았다.

"선배, 선배는 벌써 여러 해 동안 심리 상담소를 운영하셨잖아
요. 그러면 혹시 내담자들이 대체로 어떤 심리 상담 스타일을 좋
아하는지 아세요? 다른 사람들한테 물어보니까 요즘 아들러Alfred
Adler(오스트리아의 정신의학자로 개인 심리학을 수립했다-옮긴이)나
사티어Virginia Satir(미국의 심리학자로 '가족 치료의 일인자'로 불린다-
옮긴이)가 인기 있는 것 같더라고요. 제가 어느 학파 인증을 받아
야 사람들에게 더 인정받을 수 있을까요?"

후배의 속사포 같은 질문에 나는 쓴웃음을 지을 수밖에 없었다. 그가 유명 심리학자의 후광을 입어서라도 앞날을 보장받고 싶어 하는 이유를 알 것 같았기 때문이다.

솔직히 어떤 업종이든 '분류'는 피할 수 없는 운명이다. 우리는 물론 우리와 의사소통하는 모든 사람은 분류를 통해 필요한 순간에 필요한 결정을 내리며 살아간다. 인테리어 디자인을 예로 들어보자. 당신은 북유럽 스타일이나 빈티지 스타일, 모던한 스타일 중 자신이 선호하는 스타일에 어떤 인테리어 디자이너가 능숙한지 가려낼 것이다.

영화를 볼 때도 마찬가지다. 먼저 액션이나 추리, 공포, 로맨스 중 어떤 장르를 볼지 정하지 않는가. 노래방에 가도 댄스나 록, 재즈, 힙합, 발라드 중 어떤 노래를 부를지 골라야 한다. 전문 분야에 종사하는 사람들도 이름 앞에 '~의 대가'라든지 '~의 달인'이라는 별명이 붙는 경우가 흔하다.

이렇게 무언가에 대한 분류가 만연하다 보니 자신이 어떤 분류에도 속하지 않으면 스스로 아무런 특색도, 스타일도 없다고 느낄 수 있다. 그런데 스타일이란 게 정말 얻으려 한다고 얻을 수 있는 것일까?

나 역시 오랫동안 내 스타일을 만들기 위해 고민해왔고, 일부러 존경하는 대가의 말과 글을 모방하기도 했다. 하지만 얼마 지나지 않아 난관에 부딪혀 그런 흉내를 포기할 수밖에 없었다. 결국 나는 스타일이란 사람마다 가지고 있는 체취라고 생각하게 되었다. 체취는 아무리 코를 킁킁거려도 자기 자신은 맡을 수 없지만, 다른 사람은 단숨에 구별할 수 있다. 게다가 이미 형성된 스타일은 아무리 씻어도 씻기지 않는다. 보디 클렌저나 샴푸를 바꾸고 남과 같은 걸 사용해도 당신의 몸에서 풍겨 나오는 향기가 남과 다를 수밖에 없는 것처럼 말이다.

음악을 예로 들어보자. 7개의 음표로 A라는 음악가와 B라는 음악가가 만드는 곡은 서로 다르게 마련이며, 팬이라면 어떤 게 누구의 곡인지 쉽게 구분할 수 있다. 하지만 정작 창작자는 창작할 때 일부러 '내 스타일에 어울리는 멜로디를 써야지'라고 생각하지 않는다. 그들은 그저 자신의 감정을 따라 적당한 자리에 음표를 그릴 뿐이다.

남의 방법을 따라 하는 것은 자신의 체취를 가리고 다른 사람이 가진 향수 한 병을 몸에 쏟아붓는 일과 같다. 이렇게 하면 남들의 눈에 쉽게 띌지언정 좋은 인상을 남길 수는 없다.

당신이 영상 제작이나 글쓰기 등 창작 활동을 할 때 남의 기교를 사용했다고 해보자. 다른 사람이 볼 때 이는 좁디좁은 엘리베이터 안에서 독한 향수를 들이부은 사람과 함께 있는 것과 같다. 향기가 적당해야 사람들에게 은근한 여운을 남기는 법이다.

이 세상에 완전히 새로운 아이디어는 없다. 더 뛰어난 각색이 있을 뿐이다. 당신이 기존의 것들을 소화하고 흡수해 자신만의 고유한 냄새로 바꿀 수 있다면 자신의 길을 걷고 있다고 할 수 있다. 중요한 것은 추출이지 원형 그대로의 복제가 아니다.

또한 스타일은 생활 태도와도 같다. 당신의 말 한마디 행동 하나가 당신의 작품에 반영된다. 꼭 창작물이 아니라 해도 당신의 말투나 사고방식은 다른 사람들의 마음에 인상을 남길 것이다.

방송 진행자인 차이캉융蔡康永(타이완의 유명한 MC이자 작가, 연기자-옮긴이)은 이런 말을 했다.

"자신만의 스타일이 있는 요리사는 단순히 고객의 주문에 맞춰 요리를 만들지 않습니다. 만약 고객이 생선회를 달라고 하면 그는 지금 이 순간 생선회로 만들기에 가장 좋은 생선이 무엇인지 고민하죠."

나는 후배의 어깨를 두드리며 말했다.

"요즘 유행하는 심리학자의 방식을 따라 하면 대중의 관심을 받을 수는 있겠지. 하지만 네가 어떤 학파라고 인증받든 사람들은 이미 세상을 떠난 그들을 기억할 뿐 네 이름은 기억하지 않을 거야. 대가의 이름 아래 공부하는 건 프랜차이즈 식당에서 요리를 배우는 것과 마찬가지야. 체계화된 과정 덕에 요리가 금방 익숙해지겠지만, 맛의 차이는 없어져버리지. 매뉴얼에 따라 똑같은 요리만 만들어내는 곳에서는 네 요리 솜씨가 아무리 뛰어나도 손님은 어떤 요리가 네가 만든 것인지 구별해낼 수 없어. 만약 네가 자신만의 스타일을 추구한다면 적당한 때에 프랜차이즈 식당을 떠나야 해. 그래야 자신만의 맛을 찾을 수 있으니까. 남들이 다니는 길로만 걸으면 새로운 곳에 갈 수 없어. 아무도 가보지 않은 길로 가면 가시가 있을 수도 있지만, 그 덕분에 예상 밖의 기쁨을 만날 수 있을 거야."

후배는 생각에 잠긴 듯 고개를 끄덕였다. 그날 나는 떠나는 후배의 뒷모습을 보며 마음속으로 묵묵히 축복해줬다.

선택의 갈림길에 서게 됐을 때 익숙한 길로 가든 낯선 길로 가든 아무 상관이 없다. 다만 처음에 길을 나서려고 했던 이유가 무엇이었는지를 기억하고 자기만의 향기를 찾아나가길 바란다.

꿈보다
이상을 품을 것

어느 날 나는 상담실에 앉아 내담자의 목록을 보며 상담 내용을 하나씩 떠올렸다. 이름과 나이, 성격은 다르지만 그들의 공통적인 문제는 인간관계와 진로, 딱 두 가지였다.

특히 진로에 대한 고민은 나이대와 관계 없이 모두가 가지고 있었다. 청춘이 한창인 20대 내담자는 한 살이라도 어릴 때 과감히 사직서를 낸 뒤 워킹 홀리데이를 하며 세상을 구경해도 될지 망설였고, 중년의 내담자는 익숙한 일터를 떠나 창업이라도 해서 자신만의 영역을 구축할 것인지를 고민했다. 머리가 하얗게 센 노년의 내담자는 은퇴 후 못다 한 꿈을 이루기 위한 열정을 되찾고 싶어 했다.

물론 상황에 따라 다르겠지만, 나이가 젊다고 해서 시간을 허투루 써도 되는 것은 아니며 능력 있는 어른이라고 해서 돈을 헤프게 써도 되는 것은 아니다. 무엇보다 중요한 것은 나이와 상관없이 무언가를 꿈만 꾸고 있다면 아무리 간절히 바란다 해도 이룰 수 없다는 것이다.

다시 말해 꿈은 실천할 수 있는 것이 아니다. 그저 사람들에게 끝없는 상상을 선사함으로써 그 꿈의 나라에서 한가로이 거닐게 할 뿐이다. 진정으로 꿈의 내용을 이룰 수 있게 하는 것은 바로 '이상'이다.

나는 지금까지 살아오면서 내내 소설을 집필해보고 싶었다. 하지만 나는 이 소망이 꿈이 아닌 이상이 되기를 진심으로 바란다. 이상은 감성이나 낭만이 아닌 '이성'으로 대할 수 있기 때문이다. 무엇보다 계획을 실현하는 데에는 재정적 뒷받침과 현실적인 계획이 필요하다.

글쓰기는 특히 배고픈 일이므로 이 일을 계속하기 위해서는 다른 일과 병행하며 재정을 관리해야 한다. 훗날 누군가 위키피디아에서 내 이름을 검색했을 때 맨 윗줄에 '이 사람은 경제적 어려움 때문에 영양실조와 배고픔에 시달리다 세상을 떠났다'라는 내용이 기록되어 있지 않기를 바라기 때문이다.

다시 말해 '이성'과 '재정 관리'는 상상을 현실이 되게 하는 한 쌍의 다리로, 이 두 가지가 꼭 이뤄져야만 꿈에 가까이 다가갈 수 있다. 이런 이야기는 낭만적이지 않을뿐더러 의지를 다지는 데 그다지 도움이 되지 않을지도 모른다. 하지만 이것이야말로 진정으로 자신의 삶을 책임지는 방법이다.

나는 내담자가 직업에 대한 조언을 구하면 그의 나이와는 상관없이 여러 실질적인 문제를 물어본다. 그가 정말 준비가 됐는지 아니면 다른 사람의 이야기에 혹하거나 누군가가 인터넷에 올린 감언이설에 속아 넘어간 것인지 확인하기 위해서다. 다른 사람이 하는 흥미로운 성공 이야기들은 강한 마력으로 우리를 행복한 상상에 빠뜨리지만, 정작 현실은 가시덤불로 가득하다.

하지만 가시덤불은 길을 막으려는 것이 아니라 우리가 신중하게 발을 내딛게 하기 위해 존재한다. 만약 당신이 하고 싶은 일이 있다면 정신을 바짝 차리고 그 세상에 대해 더 많이, 그리고 더 깊이 이해해야 한다. 자신의 꿈속에서만 살면 그 꿈은 생각에만 머물 뿐 미래로 다가오지 않기 때문이다.

또한 하고 싶은 일이 없다고 해서 불안해하지 않아도 된다. 한 걸음 한 걸음 현재에 집중하며 착실하고 묵묵하게 살아나가는 것은, 폼은 나지 않을지는 몰라도 자신과 타인에게 부담을 주지는 않는다. 그리고 확실하지 않은 꿈은 버리는 게 낫다. 막연한 꿈에 시간이나 돈을 허비할 이유가 없기 때문이다. 꿈을 이루기 위한 구체적인 계획을 짜려고 할 때 말문이 막히고 머리가 아프다면, 차라리 상상으로만 남겨두는 편이 낫다.

다른 사람에게 현실을 내팽개치고 용감하게 꿈을 좇으라고 함부로 말해서도 안 된다. 당신은 타인의 인생을 책임질 수 없다. 그가 앞으로 얼마나 더 오래 살지도 장담할 수 없지 않은가. 말하는 사람은 말한 사실조차 금방 잊을 수도 있지만 듣는 사람은 그 얘기에 평생을 허비할지도 모른다.

결혼을 하든 안 하든, 아이를 낳든 안 낳든, 꿈이 있든 없든, 꿈을 좇든 말든 모두 개인의 선택일 뿐 누구도 어떤 선택이 낫다고 평가할 수 없다. 당신이 본 아름다운 풍경이 꼭 다른 사람에게도 아름답다고 할 수 없기 때문이다.

다른 사람의 뛰어남을 보며 자신의 평범함을 자책할 필요는 더더욱 없다. 분식점이 주는 만족감이 꼭 고급 레스토랑의 화려함보다 못하다는 법은 없지 않은가. 자신이 살고 싶은 세계의 규칙을 철저히 이해하고, 스스로 그 책임을 기꺼이 감당할 수 있느냐가가 훨씬 중요한 문제다.

만약 이에 대한 답이 확실하다면 마음속 청사진을 실현해보자. 다만 반드시 자와 펜을 들고 현실의 수치를 반영할 수 있어야 한다. 그럴수록 당신의 성은 더 견고해질 것이다.

때로는 뭔가를
하지 않는 게 더 중요하다

　　　　　　　　자정이 막 지나자 새해를 알리는 소
리가 울리기 시작했다. 딩동! 딩동! 딩동!

　휴대전화가 깜박이며 화면에 메시지가 왔다는 알림이 쭉 줄을
섰다. 모두 가족과 친구들이 새해를 축하하며 보낸 메시지였다.
평소 연락을 하고 지냈든 아니든 12월 31일 밤은 가장 부담 없이
누군가에게 연락할 수 있는 시간일 것이다. 서로 살면서 한 번쯤
은 인연이 있었다는 사실을 떠올리면서 말이다.

　나는 메시지를 하나하나 살펴보고 의례적으로 답장을 하다 낯
익은 이름을 발견하고 손가락을 멈췄다. 그와 마지막으로 만난 지
3년은 지난 것 같았다. 그동안 두어 번 안부 메시지를 주고받은
적은 있지만, 그것만으로는 이 친구가 어떻게 지내고 있는지 알

기 어려웠다. 나는 반가운 마음을 전하고자 답장 버튼을 눌러 글을 쓰기 시작했다.

"안녕, 오랜만이네. 요즘 잘 지내?"

"나야 늘 바쁘지, 뭐. 저번에 내 친구가 네 글을 봤다더라. 너 정말 글 쓰는 사람이 됐구나."

"어쩌다 보니 그렇게 됐어. 너는? 너만의 브랜드를 만들겠다는 꿈은 잘 이루고 있는 거야?"

"응. 회사를 차리고 열심히 살다 보니 한동안 꽤 많은 언론 매체에서 인터뷰하고 싶다고 찾아오더라. 내가 다 거절했지만."

"거절했다고? 아깝지 않아?"

나는 정확한 상황도 모르면서 이러쿵저러쿵 떠들어댔다.

"조금은 아깝지. 근데 난 그런 떠들썩한 소리에 나만의 리듬을 방해받고 싶지 않더라고."

이후 친구는 그동안 자신이 어떤 노력을 했는지 들려줬다.

그는 작고 이름 없는 가게에서 시작해 점점 시장의 주목을 받게 됐다. 막 발을 내디뎠을 때는 그도 언론 매체의 힘을 빌려 자신의 브랜드를 널리 알리고 싶었다고 했다. 하룻밤 사이에 유명해져 금세 부자가 되는 꿈도 꿨단다.

하지만 손발이 닳도록 고생스럽게 일하면서 그는 점차 시장의 생리를 깨닫게 됐다. 사업이란 사냥꾼과 사냥감의 한판 싸움과 같았다. 다른 사람의 자원을 이용하고 싶다면 스스로 이용당할 만한 가치를 창조해야 했다. 그러나 이용당했다고 해서 꼭 원하는 결과를 보장받을 수는 없었다. 오히려 피땀 흘려 이룬 왕국이 상대의 경솔한 태도에 휘둘릴 수도 있었다. 언론 매체 역시 그 친구를 통해 더 많은 대중의 시선을 사로잡으려 할 뿐 보도가 나가고 그 친구에게 생길 수 있는 일에 대해서는 전혀 관심이 없었다. 그렇게 그는 여러 해 동안 넘어지고 부딪히면서 알게 됐다. 원하는 것이 분명히 있다면, 무언가를 하지 않거나 거절하는 일이 그것을 지키는 방법일 수도 있다는 사실을 말이다.

또한 주변의 소란스러움을 몰아내면 깨끗하고 고요한 마음으로 자신이 가고자 하는 길을 더 섬세하게 다듬을 수 있고, 손바닥 뒤집듯 변덕스러운 주위의 인정과 보상 따위에 휘둘리지 않게 된다는 것도 알게 되었다고 한다.

친구의 이야기를 듣던 나는 애플의 창업자인 스티브 잡스의 말이 떠올랐다.

"인생에서 가장 중요한 것은 무엇을 할 것인가가 아니라 무엇을 하지 않을 것인가를 결정하는 일이다."

무언가를 하지 않기로 정하는 것은 분명 비교적 간단한 일이다. 이 간단한 일이 어떻게 인생에서 가장 중요한 포인트가 될 수 있을까? 나는 스티브 잡스의 말이 성립되려면 한 가지 중요한 전제가 있어야 한다고 생각한다. 바로 자신이 어디로 갈지, 또 어떻게 살아야 할지를 명확히 아는 것이다. 그렇지 않을 경우, 무언가를 하지 않는 일은 기껏해야 변화에 저항하며 자신과 세계를 단절하는 것밖에 되지 않는다.

모든 일을 시도한다고 해서 모험을 감수할 줄 아는 사람이란 말도 아니다. 이런 사람들은 겉으로는 적극적으로 기회를 찾는 것처럼 보인다. 하지만 실제로는 어느 곳에도 뿌리를 내리지 못하고 끊임없이 방법과 직업, 동반자를 바꿔대다 약간의 압박만 느껴져도 도망가 버릴 가능성이 크다. 이들은 어떤 일도 약속하지 않는다. 일단 약속의 말을 하고 나면 자유를 잃고 책임을 져야 한다고 생각하기 때문이다. 진정으로 성숙한 사람만이 책임의 의미를 잘 알고 있다.

이처럼 변화에 저항하는 것과 굳건히 자기 자신으로 사는 일은 한 끗 차이다. 이 답을 알려면 결국 마음을 가라앉히고 지금 어디에 있는지, 앞으로 어디로 갈 것인지를 자신에게 물어야 한다. 그래야만 인생의 지도에 올바른 경로를 그릴 수 있다. 아무런 목적지도 없이 길을 떠난다면 어떤 곳에도 닿을 수 없으며, 어떤 목표를 달성했다 해도 온전히 이뤄냈다고 할 수 없다.

또한 너무 많은 것을 원하면 오히려 아무것도 얻지 못할 수 있다. 마치 고깃점을 물고 다리를 건너는 개의 우화처럼 말이다. 물에 비친 자기 모습을 보고 더 큰 고기를 문 개로 착각해 욕심내며 입을 벌리는 바람에 가지고 있던 고기도 놓치지 않았는가.

깊은 밤 나눈 친구와의 대화는 마치 소크라테스의 말처럼 자

기 자신을 알아야 한다는 사실을 다시금 일깨웠다. 나는 앞으로
어떤 모습으로 살고 싶은지를 머릿속에 그려보기로 했다. 그러면
기회가 눈앞에 다가왔을 때 갈팡질팡하지 않고 잡아낼 수 있을
테니까.

　우리는 최선을 다해 자신의 길을 걸어가며 원하는 것을 지켜내
야 한다. 소중히 여긴다는 것은 단순히 갖고 있는 걸 꼭 쥐고 있음
을 뜻하지 않는다. 버릴 것은 버리고 취할 것은 취하며 자신의 고
요한 마음에 귀를 기울여보자.

상처는 삶의
원동력이 될 수 있을까

어느 날 당신은 내가 막 업로드한 글을 읽으며 중얼거렸지.

"여보, 나는 언제쯤 당신이 쓴 글의 주인공이 되는 거야?"

나는 당신의 말을 듣고 사진작가인 친구와 요리사인 친구를 머릿속으로 떠올렸어. 그들도 가장 좋은 작품은 남들의 몫으로 남겨놓은 것 같더라. 바쁘게 살다 보니 막상 가장 가까운 사람과 사진을 찍거나 맛있는 음식을 나누는 시간이 없어져버린 거야. 너무 가까운 사이라 오히려 제대로 신경 쓰지 못하는 거지.

그 뒤로 며칠 동안 그날 툴툴거리던 당신의 모습이 계속 떠올랐어. 그리고 곰곰이 생각해봤어. 당신을 주인공으로 한다면 난 무엇을 쓰고 싶을까? 그러다 불쑥 숫자 하나가 내 머릿속에 떠올랐어.

당신이 나한테 물은 적 있잖아.

"몇 년 된 위스키가 가장 맛이 좋고 가격도 합리적인지 알아?"

나는 고개를 저으며 당신의 대답을 재촉했고 당신은 담담히 말했어.

"12년."

"왜 12년인데?" 나는 바로 물었지.

당신은 침착한 목소리로 말했어.

"12년은 한 아이가 어린 티를 벗고 어른의 모양을 갖춰가는 때이기도 해. 그때를 전환점으로 막 성숙해지기 시작하는 거야. 그리고 12는 예로부터 가장 중요한 숫자였어. 하루는 12시진 時辰이고, 1년은 12개월, 사람의 띠도 총 열두 개잖아. 그렇게 12년 동안 무언가를 기다리다 보면 완벽한 것을 얻게 되는 거지."

"그러니까 당신이 12년산 술을 좋아하는 건 완전히 발효된 세월의 변화를 마실 수 있기 때문이네."

당신은 웃기만 할 뿐 아무 대답도 하지 않았지. 나는 그때 당신 인생에도 쓰디쓴 술 한 병이 숨어 있다는 걸 알고 있었어. 당신은 그 술이 언젠가 가장 향기로워지기를 기다리고 있는 거잖아.

그해는 당신 인생의 침체기로, 하고 있던 모든 일이 순조롭게 진행되지 않았어. 당신은 책의 세계로 도망쳤고 불쑥 오디오 서평을 제작하기 시작했지. 이는 어린 시절부터 책과는 거리가 멀었던 당신에게 엄청난 시도였어. 하지만 이런 당신의 모습을 진지하게 봐주는 사람은 없었어. 그저 우연한 기회에 한 번쯤 안 하던 짓을 하는 거라고 생각했지.

나도 왜 하필 서평이냐고 물은 적이 있잖아.

당신은 상황이 이보다 더 나쁠 수 없을 때 차라리 가장 잘하지 못하는 일을 하며 얼마나 더 엉망진창이 될지 두고 보는 거라고 했지. 하지만 내가 볼 때 당신은 아버지가 세상을 떠나기 전 하셨던 "사회에 도움이 될 수 있는 사람이 돼라"라는 말씀을 잊지 못하고, 어떻게든 세상에 당신의 흔적을 남기려고 했던 것 같아.

오디오 서평은 감정의 파도에 휩쓸리는 당신에게 마치 부목 浮木과 같은 존재였어. 당신이 어둠 속으로 가라앉지 않을 수 있도록 의지가 되어주었지. 당신은 책 읽기에만 매달렸고 서평을 준비해 녹음기에 대고 말하는 연습을 반복했어. 하지만 오디오 서평은 좀처럼 주목받지 못했지. 그래도 당신은 포기하지 않고 계속해나갔어. 누구도 손뼉 쳐주지 않아도 말이야.

그래도 틈이 있어야 햇빛도 볼 수 있는 거잖아. 당신은 서평 제작을 위해 작가나 출판사, 번역가 등 여러 사람을 만나면서 소통의 진리를 깨닫고 지난날의 상처를 스스로 치료하게 되었지.

나는 당신의 이야기를 떠올리면서 깨달았어. 사람이라면 누구나 상처 하나쯤은 있다는 걸 말이야. 그리고 그 상처가 깊든 얕든 언젠가는 아물어 딱지가 앉는 날이 온다는 것도.

아픔이 가신 뒤에도 상처의 흔적은 남게 마련이지만, 그 때문에 마음 아파할 필요는 없어. 오히려 자신이 지난날 얼마나 용감했었는지 깨닫는다면 상흔은 남아 있는 삶의 원동력이 되어줄 거야.

여보, 한 달만 지나면 당신이 서평을 시작한 지 12년이 되네. 당신이 그동안 얼마나 굳세고 용기 있게 살았는지는 내가 증명할 수 있어. 당신이 담근 술은 이미 잘 익어 독특한 풍미를 갖게 됐지. 당신은 인생의 시련을 뛰어넘어 가장 깊은 깨달음을 얻었으니까.

이제 오디오 서평이란 부목은 당신에게 남다른 의미가 됐어. 그리고 당신의 서평은 이 세상 곳곳에 그것을 필요로 하는 사람들에게 큰 도움이 되고 있지. 그들은 당신의 목소리에서 굳센 의지를 들은 거야.

"지름길은 가장 먼 길이야.
가장 가까운 길은 지속하는 거고.
천천히, 그리고 꾸준히 가면 오히려 더 빨리 도착할 수 있어."

Chapter 2

천천히 가되,
뒤로는 가지 않는다

상황이 변하면
생각도 달라져야 한다

어느 날 강연이 끝나고 사람들이 빠져나간 뒤 한 사람이 내게 다가와 작은 목소리로 질문을 건넸다.

"그동안 선생님이 페이스북에 올리신 글들을 열심히 읽었는데요. 내용을 보면 서로 모순적인 것들이 있어서요. 예를 들어 다른 사람과 충돌했을 때 때로는 양보하고 선의를 베풀라고 하시고, 또 때로는 정면으로 대처하는 능력을 키우라고 하시더라고요. 도대체 어느 게 정답인가요?"

"좋은 질문이네요. 대답하기 전에 한 가지만 물어봐도 될까요? 매일 집을 나서기 전에 그날 입을 옷을 어떻게 결정하세요?"

"날씨도 보고, 만날 사람이나 장소를 고려해 결정하죠."

여자는 미간을 찌푸리며 말했다.

"그러니까 그 옷이 적당한지 아닌지는 옷 자체가 아니라 환경이나 상황에 따라 결정되는군요."

내 말에 여자는 알았다는 듯 눈빛을 반짝이며 싱긋 웃었다. 아마도 그녀는 이미 답을 찾은 것 같았다.

인생에는 여러 단계가 있고 각 시기에 맞는 신념이 필요하다. 젊을 때는 생각이 단순하고 목표가 하나인 경우가 많기에 '뜻이 있는 곳에 길이 있다' 같은 신념만으로도 현실에 충분히 대응할 수 있다. 하지만 세월이 흘러 역할이 다양해지고 관계가 복잡해지면 '노력보다 선택이 중요하다'라는 말이 더 가슴에 와닿는다. 그보다 세월이 더 흘러 갖가지 일을 경험하고 세상의 변화를 통달하고 나면 '모든 것은 나름대로 정해져 있다'라는 말에 공감할 것이다.

이런 삶의 이치는 모두 옳을 수도, 옳지 않을 수도 있다. 핵심은 '누가 어디에서' 사용하느냐다. 그런데 어떤 사람들은 어디에나 적용할 수 있는 규칙을 찾으려 한다. 이런 생각은 면접을 볼 때도 어울리고 등산할 때도 딱 좋은 옷 한 벌을 찾는 것과 같다. 이것이 과연 가능한 일일까?

우리가 어떤 말에 공감하는 이유는 그 말이 그저 좋아서가 아니라 과거에 자신도 비슷한 경험을 했기 때문이다. 그런데 많은 사람이 말에는 시효가 있다는 사실을 잊곤 한다. 예를 들어 우울할 때 힘이 되어줬던 한마디가 장소나 상황에 따라 다르게 와닿을 수 있다는 것이다.

상담하다 보면 분명 겉모습은 30~40대인데 심리적 나이는 여전히 어린아이나 청소년에 머물러 있는 사람들을 자주 만날 수 있다. 나이는 서른다섯 살인데 열다섯 살 때 입던 옷을 고집하는 격이랄까. 사이즈나 디자인이 더는 맞지 않지만, 좋은 기억이 많이 담긴 옷이라며 벗지 못한 채 꼭 붙들고 있는 것이다.

나도 한때는 미니스커트나 짧은 반바지를 즐겨 입고, 하이힐을 신었다. 하지만 이 옷들은 내 옷장에서 점점 사라지고 다른 옷과 신발이 자리를 대신 차지하게 됐다. 정장 치마나 긴 바지, 셔츠, 요가복, 운동화, 굽 낮은 구두 등이 더 필요해진 것이다. 이는 나이를 먹으며 나를 둘러싼 상황과 생각에 변화가 생겼기 때문이다. 다시 말해 인생의 이치는 옷장 안의 옷과 같다. 옳고 그름이 있는 건 아니지만 어울리는 시기는 따로 있다. 생각이나 신념 역시 좋고 나쁨을 가릴 수 없지만 드러내기 적당한 때가 있기 마련이다.

살다 보면 과감하게 결정을 내려 기회를 잡아야 할 때도 있고, 손을 놓고 흘러가는 대로 둬야 할 때도 있다. 중요한 것은 현재 주어진 자원과 도구가 자신을 더 나은 인생으로 이끌 수 있도록 잘 활용할 줄 알아야 한다는 점이다.

지금 당장 눈에 들어오는 옷이 있다면 그 옷을 입고 길을 나서도 좋다. 하지만 가는 도중이라도 무언가 맞지 않는다고 느껴진다면 과감하게 지금 상황에 꼭 맞는 다른 옷으로 갈아입어야 한다는 사실을 기억하기 바란다. 분명 그 옷이 당신을 좋은 곳으로 데려다줄 것이다.

독립하지 못하면
자유도 없다

어느 젊은 내담자가 물었다.

"부모님의 간섭을 멈출 수 있는 소통의 기술은 없을까요? 저는 부모님의 잔소리가 너무 지겨워요. 치킨을 배달시켜 먹는 것조차 간섭하시는걸요."

"지금 부모님과 함께 살고 있나요?"

나는 그의 질문에 대답하는 대신 되물었다.

"네, 함께 살고 있어요. 부모님이랑 살면 생활비를 아낄 수 있잖아요."

그는 어깨를 으쓱하며 대수롭지 않다는 듯 말했다.

"그럼 혹시 지금 하는 일은?"

"프랜차이즈 커피 전문점에서 시간제로 아르바이트를 하고 있어요. 복지도 좋고 하는 일도 재미있어요."

그는 외투를 들추어 유니폼을 살짝 보여주며 자랑스럽게 대답했다.

"앞으로는 무엇을 할 계획이에요? 정직원 자리에 도전할 건가요? 아니면 현재의 생활을 유지하고 싶나요?"

그는 미간을 찌푸린 채 입술을 깨물더니 이내 고개를 저으며 대답했다.

"저는 그냥 아르바이트하는 게 좋아요. 직장에 얽매이기보다는 자유를 누리고 싶어요. 지금처럼 살면 스트레스도 덜 받고, 놀고 싶을 때 놀 수 있잖아요. 인생의 많은 시간을 일하는 데에만 소비할 필요는 없으니까요. 그렇지 않나요?"

나는 그 말을 이해하고 고개를 끄덕였지만 한편으로는 그의 부모님이 어째서 그를 걱정하시는지 알 것 같았다. 그는 자유에 대해 '시간'의 길이만 중시할 뿐 '공간'의 넓이를 전혀 의식하지 못하고 있었다.

그는 자신이 출퇴근 시간을 결정하고 어떤 일에 책임을 지거나 야근할 위험이 없는 생활이 이상적인 삶이라 믿는 듯했다. 하지만 이 여유로운 날들은 자신이 그렇게 바라던 자유와 맞바꾼 것이란 사실을 모르고 있었다. 다시 말해 그는 부모님의 집에 살며 가사 노동이나 생활비를 부담하지 않을 수 있기 때문에 부모님의 잔소리와 간섭을 감당해야 한다. 그리고 가사에 대해 어떤 공헌도 하지 않으니 당연히 발언권도 가질 수 없다.

또한 그는 회사 내의 역할에 대한 기대도 접어야 한다. 지금은 단순히 아르바이트로만 일하기에 방관자로 머물면서 회사의 운영 압박을 나누지 않을 수 있다. 점장은 언제 떠날지 모르는 그에게 큰일을 맡기지 않을 것이며, 그는 언제든 쉽게 잘릴 수 있는 처지임을 받아들여야 한다. 소속감이 없으면 영향력도 없다.

이렇게 살다 보면 성장할 기회를 놓칠 수밖에 없다. 책임을 지지 않으면 어떤 결정을 할 때 일이 앞으로 어떻게 될지 깊이 고민할 필요가 없으며, 성장하기 위한 시련을 겪지 않아도 된다. 하지만 아무것도 이룰 수 없다. 삶에 대해 이렇다 할 갈망이 없으면 무언가를 하고자 하는 추진력도 생기지 않는다. 이런 사람은 너무 기뻐 눈물을 흘리는 경험도 해보지 못할 것이다.

때로는 누릴 것들을 포기해야 현실을 살아갈 수 있다. 겨우 한 뼘의 자유를 얻으려다가 더 큰 가능성을 잃기 십상이다. 이런 사람은 겉으로 보기에는 아무런 구속도 받지 않는 것 같지만, 어떤 일도 시작할 수 없다.

하지만 나는 이런 말들을 그에게 서둘러 들려주지 않았다. 나 역시 여러 해를 지내며 경험한 끝에 경제적으로 독립해야만 진정한 자유를 얻을 수 있다는 사실을 깨달았기 때문이다.

자유란 돈으로 사는 것이 아니지만, 돈 때문에 팔려나갈 수도 있다. 실제로 경제적인 압박이 심하면 어쩔 수 없이 자신이 좋아하지 않는 선택지를 받아들여야 한다. 그가 경제적인 문제를 고려해 부모님 집에 살기로 했다면 부모님의 간섭이나 잔소리를 견뎌내야 하는 것처럼 말이다.

반대로 그가 부모님의 집을 떠나 독립한다면 생활의 압박을 감당하며 돈을 버는 일에 더 많은 힘과 노력을 기울여야 하겠지만 대신 더 넓은 개인의 공간을 누릴 수 있게 된다. 물질을 희생하고라도 존엄을 되찾을 수 있다면 그만한 가치가 있지 않을까? 아니면 잔소리를 참아내고 지출을 줄이는 것이 나을까? 나는 이 문제에 대신 답해줄 수 없다. 그러나 그가 불만의 원인을 모두 부모님께 돌리고 책임도 부모님께만 지운다면 영원히 수동의 속박에 갇힐 수밖에 없을 것이다.

나는 그의 어깨를 두드리며 말했다.

"이 문제는 소통의 기술이 아니라 본인이 어른이 될 준비가 됐는지가 중요해요."

그는 조금 의아한 표정으로 나를 쳐다보며 더 많은 설명을 기대했지만, 나는 가만히 미소 지으며 그를 배웅했다. 그도 언젠가 생각이 깊어지면 내 말의 의미를 자연히 이해하게 될 것이다. 부디 당신도 언젠가는 자유란 여유로운 시간이 많아지는 게 아니라 선택할 수 있는 사항이 많아지는 것이라는 사실을 깨닫게 되기를 바란다.

완벽하게 하겠다는 이유로
더는 미루지 마라

한 친구가 물었다.

"너도 혹시 이런 경험 있니? 분명 이틀 뒤에 시험이라거나 당장 내야 할 보고서가 있는데 아무리 해도 공부를 하거나 일을 할 수 없는 거야. 책상 앞에 앉기 싫어서 괜히 화장실 청소하고 휴대 전화나 만지작거리고 리모컨으로 채널만 돌리게 되는 거지."

나는 힘껏 고개를 끄덕이며 대답했다.

"청소한다는 핑계로 현실에서 도피하는 증상은 흔히 있는 거잖아! 특히 나는 마감해야 할 원고가 있을 때 발병 확률이 쭉 올라가더라. 그럴 때마다 집이 엄청 깨끗해지곤 하지. 어느 날은 주방에 있는 배기 후드까지 떼어서 씻을 뻔했다니까."

친구는 내 말에 배꼽을 잡고 웃다가 두 눈을 가늘게 뜨고 나를 빤히 바라보며 물었다.

"미루면 안 된다는 걸 알면서도 왜 자꾸만 미루게 되는 걸까?"

글쓰기를 업으로 삼고 있는 나는 매번 아무것도 없는 빈 화면을 마주하곤 한다. 그럴 때 모니터는 얼마나 깨끗한지 지문까지 보일 정도인데, 가끔은 몇 글자 쓰는 것마저 새하얀 화면에 오점을 남기는 것처럼 느껴지기도 한다. 그렇게 제대로 된 글을 한 줄도 쓰지 못하고 있노라면 극도의 불안감이 밀려오면서 앉은 자리가 순식간에 가시방석이 되고 만다. 머릿속으로는 빨리 뭐라도 써야 한다는 걸 알지만 좀처럼 마음이 내키지 않고, 글쓰기만 아니면 뭐든 할 수 있을 것 같아 다른 일을 찾아 나선다.

남들이 볼 때는 한가하게 휴대전화를 만지작거리거나 드라마를 보는 것처럼 보이겠지만 사실 내 머릿속은 일로 꽉 차 제대로 쉬는 것도 아니고 열심히 일하는 것도 아닌 어정쩡한 상태가 되고 만다. 마치 무간지옥에 있는 것처럼 계속 고통만 받는 셈이다.

미루기가 극악무도한 습관인 것은 아니다. 하지만 삶에 적지 않은 영향을 주는 것만큼은 확실하다. 일을 미루다 보면 결국에는 시기를 놓치게 되고 소중한 것을 지키지 못했다는 후회만 커지기 때문이다.

누군가는 할 일을 미루는 이유가 실패를 두려워하기 때문이라고 말한다. 하지만 나는 사람들이 앞으로 나아가기를 주저하는 이유는 실패에 책임을 지고 싶지 않아서가 아니고 오히려 너무 잘하고 싶어서, 다시 말해 완벽주의를 추구하기 때문이라고 생각한다.

나 역시 모든 사람의 인정을 받고 싶은 나머지 행동에 나서지 못하고 머뭇거릴 때가 많았다. 인터넷에 글을 올릴 때 사람들이 내 글을 많이 공유하지 않거나 '좋아요'를 누르지 않을까 봐 불안했다.

그 때문에 나는 점점 더 까다로워졌다. 이 이야기를 쓰면 공감대가 없을 것 같고 저 이야기를 쓰면 너무 민감할 것 같아 종일 고민만 하다 한 글자도 쓰지 못한 적도 있다. 그러다 하루가 저물면 나 자신을 이렇게 위로했다.

"어차피 내가 좋아서 쓰는 거지, 못 쓴다고 굶어 죽는 것도 아니고 누가 뭐라고 하는 것도 아니잖아. 그냥 자자. 내일이 되면 쓸 거리가 생각날 거야."

하지만 미루겠다는 생각을 딱 잘라내지 않는 한 다음 날이 되어도 전날과 다를 바가 없었다. 나는 무언가를 미루면 당장의 걱정에서는 숨을 수 있어도 영원히 숨을 수는 없다는 사실을 깨달았다.

사실 어떤 일에서 도망치는 데 들어가는 힘은 그 일을 하기 위해 필요한 노력과 같다. 다만 그 일에서 도망쳤을 때와 그 일을 했을 때의 결과는 하늘과 땅만큼 차이가 난다.

나는 미루는 습관에서 벗어나고자 일의 초점을 도착점이 아니라 시작점에 두기 시작했다. 더는 '완벽한' 결과에 집착하지 않기로 한 것이다. 본래 완벽함이란 매우 연약한 상태다. 누군가 한 사람만 인정하지 않아도 곧장 무너지기 때문이다. 만약 당신이 어떤 일에 완전무결을 추구한다면 이는 남에게 행복의 결정권을 넘겨주는 꼴이 될 뿐이다. 완벽 추구는 절대로 일을 미루는 데 대한 이유가 될 수 없다.

나는 뭔가를 미루고 싶어질 때마다 자신에게 이렇게 말을 건네곤 한다.

"네가 자신을 위해 계획을 세우지 않으면 다른 사람에게 네 인생의 주도권을 넘겨주게 되는 거야."

어쩌면 당신은 나처럼 창작하는 일을 하지 않을 수도 있다. 하지만 일 외에도 인생의 여러 가지 과제를 마주했을 때, 즉 직장에 사직서를 내야 할 때, 누군가의 요구를 거절해야 할 때, 어떤 기회를 손에 넣고 싶을 때, 누군가와의 관계를 정리하고 싶을 때 어떻게 행동하는 게 좋을지 고민해보길 바란다.

시간을 끌고 일을 미룰 때 당장은 어떤 손실이 생기지 않을 수도 있다. 하지만 그런 상태는 결코 진정한 행복을 가져다줄 수 없다는 점을 기억해야 한다. 시작은 습관이고, 결정은 용기이며, 실천은 긍지다. 오늘, 당신은 시작했는가?

내가 모른다는 것을
안다는 것

"선생님, 금요일 전에는 반드시 자료를 보내주세요. 감사합니다."

이른 아침, 강연을 맡은 한 기관의 담당자가 보낸 한 줄의 문자 메시지에 잠이 확 달아나고 말았다. 나는 그에게 이렇게 일방적으로 통보하는 식의 문자는 우리의 관계에 적합하지 않다고 말할지 한참을 고민했다. 그러다가 결국엔 그냥 웃어넘기기로 마음먹었다.

나는 이 담당자가 그저 자기 일을 했을 뿐이라고 믿고 있다. 아마도 이런 글투는 그의 습관일 뿐 내 기분을 나쁘게 할 의도는 전혀 없었을 것이다. 다만 그는 자신의 문자에 명령의 의미가 숨어 있다는 사실을 모르는 듯했다. 만약 이 글이 어떤 느낌을 줄지 알았다면 이렇게 보내지 않았을지도 모른다. 그러니 내가 '이런 상황에 이런 글투는 어울리지 않는다'고 이야기해준다면 그는 내가 별것도 아닌 일에 트집을 잡는다거나 사소한 문제로 예민하게 군다고 여기며 내가 정말 전하고자 하는 뜻을 이해하지 못했을 것이다.

언젠가 그도 다른 사람에게 이런 대접을 받게 됐을 때 비로소 자신이 잘못했다는 점을 깨달을지 모른다. 그리고 그 깨달음을 얻는 순간 그는 무지에서 벗어나게 된다. 그때부터 그는 모르는 상태로 돌아갈 수 없으며, 소통에 대해 더 신경 쓰게 된다. 좀 더 친절한 사람이라면 자신의 이런 경험을 사방에 알리고 다닐 것이다.

나는 자주 이런 질문을 듣는다.

"선생님, 저는 선생님의 강의가 정말 좋아요. 그래서 저를 힘들게 하는 사람들을 모두 데려와서 듣게 하고 싶어요. 그들을 데려오려면 어떻게 해야 할까요?"

아직 경력이 부족하던 시절에는 이런 질문을 받으면 어떻게 해야 내 강의를 그들이 듣게 할 수 있을지 진지하게 고민하곤 했다. 하지만 여러 차례 좌절을 맛본 뒤로는 비슷한 질문을 들으면 그저 웃으며 기회가 된다면 강의실에서 볼 수 있을 거라고 말한다.

물론 이 '기회'를 만드는 일은 쉽지 않다. 일단 질문한 사람의 상황을 살펴보자. 그가 내게 찾아와 공부하거나 심리 상담을 받게 됐다는 것은 어떤 곤경에 빠졌거나 고통을 느끼고 있다는 뜻이다. 그러니 시간과 돈을 들여서라도 현재 상황을 바꾸고 자신의 부족한 점을 개선하려는 것이다.

다시 말해 그는 자신이 '모르는' 것이 있음을 이미 '알고 있는' 상태다. 자신이 알지 못하는 것이 무엇인지 구체적으로는 모른다고 해도 무언가가 부족하다고 느끼는 것만으로도 그에게는 변화의 의지가 있는 셈이다.

하지만 그의 주변 사람들이 그와 똑같은 생각을 가지고 있으리란 법은 없다. 오히려 현재 상황을 유지하는 편이 훨씬 편하다고 느끼기 쉽다. 이럴 때 상대가 아직 의식하지 못한 문제를 일깨워주려 하면 그들은 괜한 트집을 잡으려 한다고 오해하기 십상이다. 흔쾌히 그의 입장이 되어 함께 절박함을 느껴줄 사람은 거의 없다. 마치 어린 시절 어른들이 밤새워 놀지 말고 건강을 관리하라고 해도 대개는 흘려듣고 마는 것처럼 말이다.

젊을 때는 건강을 희생하는 것이 어떤 일인지 잘 모를 수밖에 없다. 반면 부모님 세대는 이미 경험으로 알고 있기에 우리가 나중에 후회하지 않도록 일찌감치 알려주려 하는 것이다. 하지만 대부분 이런 소통은 실패로 돌아간다. 그래서 어른들은 "너도 나중에 나이 들면 알게 된다"라고 한마디를 덧붙이곤 한다. 우리가 알게 되는 날이 너무 늦지 않기를 바라면서 말이다.

멀리 돌아왔지만 결국 내가 하고 싶은 말은 한 사람을 변화시키는 데 가장 어려운 부분은 그에게 새로운 기술이나 방법을 배우게 하는 것이 아니라 문제의식을 갖게 하고 '알지 못하는' 상태에서 깨어나게 하는 일이라는 사실이다.

우리는 자는 척하는 사람을 억지로 깨울 수 없다. 우리가 할 수 있는 유일한 일은 맑은 정신으로 사는 게 얼마나 즐거운 일인지 보여주는 것뿐이다. 자는 척하는 게 얼마나 재미없는 일인지 그가 알고 스스로 눈을 뜨고 싶어 하도록 말이다. 용기 있게 자신의 무지를 인정하는 것은 지혜에 한 걸음 다가가는 일이다.

지난날 성공했던
방식을 버려라

몇 달 전 비가 내리던 어느 날, 산책을 하다 우연히 비쩍 마른 고양이 한 마리와 마주쳤다. 고양이는 배가 많이 고팠는지 내 앞으로 달려오더니 길을 막고 가르릉 소리를 내며 해맑은 눈으로 나를 쳐다봤다. 그 모습을 본 나는 안타까운 마음에 가방에서 뻥튀기를 조금 꺼내 고양이에게 주었다.

녀석은 허겁지겁 내 손바닥 위의 뻥튀기를 먹었고 다 먹고 난 뒤에도 내 손바닥을 핥으며 남은 단맛을 느끼려 했다. 나는 측은함을 느꼈다. 내가 떠나고 나면 언제 또다시 뭔가를 먹을 수 있을지 알 수 없었다.

비쩍 마른 몸으로 빗속에서 계속 떨어야 할 녀석을 보고 있자니 너무 안쓰러웠다. 결국 나는 녀석을 집으로 데려왔고, '뻥튀기'

란 이름을 붙여줬다.

다행히도 뺑튀기는 성격이 온순해 사람들이 자기를 안거나 만져도 발톱을 세워 할퀴는 법이 없었다. 기껏해야 가르릉 소리를 내며 너무 세게 안지 못하게 할 뿐이었다. 가구를 긁거나 집안 물건을 망가뜨리는 일도 없었다.

모든 것이 완벽한 뺑튀기에게 딱 한 가지 결점이 있다면 오랫동안 바깥 생활을 하며 음식을 제때 먹을 수 없었던 탓인지 조금이라도 배가 고프면 두려움에 빠져 돌발행동을 한다는 점이었다. 뺑튀기는 눈앞에 뭔가 먹을 게 보이면 번개같이 나타나 내가 미처 손 쓸 새도 없이 낚아채 높은 곳으로 도망가곤 했다.

그래서 나는 매번 요리를 할 때마다 도둑이 들까 봐 걱정하는 사람처럼 주위를 살펴야 했고, 다 만든 요리는 방 안에 숨겨놔야 했다. 행여 뺑튀기가 나타나 낚아채 갈까 봐 음식을 식탁에 올려놓을 수 없었다. 사람이 먹는 음식 중에는 고양이의 건강을 해칠 수 있는 게 많다는 점도 걱정스러웠다. 나는 뺑튀기가 함부로 음식을 먹지 못하도록 말리고 가르치며, 녀석이 이 집의 새로운 규칙에 익숙해지길 바랐다. 사람과 고양이가 한집에서 편안하게 살 수 있도록 말이다.

하지만 한편으로는 이런 훈련 과정이 녀석에게 혼란을 주는 것은 아닌지 고민했다. 예전에 녀석은 뛰어난 점프력과 민첩성, 민감한 후각 덕에 형편없는 환경에서도 살아남을 수 있었을 것이다. 만약 뺑튀기에게 이런 능력이 없었다면 냉혹한 환경에서 금세 도태됐을지도 모른다. 그런데 어째서 똑같은 능력이 이 집에서는 고쳐야 할 나쁜 습관이 되어야 한다는 말인가?

이런 생각을 하다 보니 예전에 상담했던 한 내담자가 떠올랐다. 그녀는 성인이 되자마자 고향을 떠나 도시에서 일을 시작했다. 사회 경험이 없었던 그녀는 일을 채 익히기도 전에 이런저런 시련을 겪어야 했다. 하지만 그녀는 정확한 판단력과 빠른 일솜씨를 가지고 있었고, 이 능력들은 험난한 비즈니스계에서 살아남을 수 있는 좋은 무기가 됐다. 그녀는 눈에 띄는 성과를 거두며 회사의 신임을 얻었고, 남들보다 빨리 팀장으로 승진했다.

그녀는 새로운 신분으로 옷을 갈아입었을 뿐, 팀장이 된 뒤에도 일을 처리하는 방식은 예전과 크게 달라지지 않았다. 하지만 일에 대한 예리한 판단력과 업무의 효율성을 중시하는 그녀의 성격은 얼마 지나지 않아 다른 사람들의 호감을 얻는 데 걸림돌이 되었다. 부하 직원들은 그녀가 지나치게 딱딱하다고 느꼈으며 대화를 나누는 것조차 꺼렸다. 이런 사실을 몰랐던 그녀는 좋은 팀장이 되고 싶은 마음에 계속해서 부하 직원들에게 자기 방식대로 조언을 건넸다. 자신이 겪은 고생을 그들이 반복하지 않길 바랐기 때문이다. 하지만 그럴수록 주위의 반감은 더 커졌다.

그녀는 매우 혼란스러웠다. 자신을 성공의 자리에 올려놓았던 방법들이 어째서 부하 직원들과의 관계를 망치는 원인이 된 것인지 도무지 이해할 수 없다고 말했다.

　나는 그녀에게 능력이 퇴보한 것이 아니라 그때와 지금의 상황이 달라진 것뿐이라고 설명해줬다. 지난날 그녀는 적지 않은 시간을 들여 혼자 행동할 수 있는 재능을 익혔고 누구에게도 의지하지 않은 채 주어진 임무를 완수했다. 하지만 팀장이 된 지금은 부하 직원들과 업무를 나누고 협력해야 더 큰 판로를 개척할 수 있다. 이럴 때 독단적으로 행동하면 다른 사람과 힘을 모을 기회를 잃기 쉬우며 남들에게 곁을 주지 못한다. 인간관계는 서로의 필요에서 시작되고 발전한다. 따라서 둘 중 한 명이라도 자신이 상대에게 큰 가치가 없다고 느껴지면 서로 원만한 관계를 유지할 수 없다. 누구도 들어올 틈을 만들어놓지 않는 사람은 외로움을 느낄 가능성이 커진다.

　또한 어디에서나 통용되는 만능열쇠 같은 능력은 없다. 제아무리 보기 드문 대단한 능력도 쓸모가 없을 때가 있게 마련이다. 때와 장소에 맞게 능력을 조정하는 일은 누구도 피할 수 없다. 마치 뻥튀기의 집 안에서와 거리에서의 생존 능력이 달라야 하는 것처럼 말이다.

　이를 위해서는 사고의 유연성이 필요하다. 사고의 유연성은 외부의 환경에 대한 대처 능력이라고도 할 수 있다. 이 능력을 기르지 않으면 지난날 애써 이뤄냈던 성과가 이제 와서는 앞길을 가로막는 일이 생긴다. 실제로 줄곧 학업 성적이 뛰어났던 학생이 막상 학교를 떠나 사회에 진출하면 제대로 적응하지 못하는 경우도 있다. 규격화된 답만 고집하다 보면 어떻게 해야 융통성 있게 생각할 수 있는지를 잊게 되기 때문이다.

　당신이 지난날의 성과만 고집한다면 내일의 뛰어난 성취는 맛볼 수 없다. 영리함과 지혜로움은 다르다. 변한 환경에 제대로 대처할 줄 알아야 지혜롭다고 말할 수 있다. 변화는 당신이 부족해서 필요한 게 아니라 계속 행복을 유지하기 위해 필요한 것이다.

하고 싶은 일은
어떻게 찾을 수 있을까

　　　　　　사람들은 비교당하거나 시행착오를
겪기를 싫어한다. 하지만 비교를 통해 자신에 대해 더 잘 알게 되
고, 길을 좀 헤매야만 자신이 어디에 있어야 하는지를 분명히 알
게 된다. 하느님이 아무리 인간을 사랑한다고는 해도 처음부터
완벽한 것을 선사하지는 않았기 때문이다. 무엇과도 비교할 수
없으면 자신이 가진 것의 소중함을 알지 못하므로, 우리는 많은
것을 비교하고 여러 경험을 해본 뒤에야 비로소 자신이 어떤 사
람인지 알 수 있다.

　　인간관계 역시 나 자신을 얼마나 이해하느냐에 달려 있다. 스스
로 원하는 것이 무엇인지 모르는 사람은 자신이 상대에게 무엇을
주든, 상대에게 무엇을 얻든 아무 의미가 없다. 자신이 원하는 것

이 무엇인지 확실히 알아야 올바른 인간관계를 유지할 수 있다.

이때 모험은 자신이 진심으로 원하는 것을 찾는 데 필수적인 방법이다. 쉽게 말해 풍파를 겪어야만 정답을 알 수 있다. 많은 시행착오를 거듭해야 어느 식당의 요리사가 자신의 입맛에 잘 맞는지, 어느 브랜드의 옷이 자신의 체형에 가장 잘 어울리는지, 어느 사진사가 자신의 미소를 가장 잘 찍어내는지를 알 수 있다. 이리저리 돌아다니며 많은 것을 경험한 사람이 관계와 신뢰의 소중함을 더 잘 아는 법이다.

당신이 자신을 온전히 상대에게 주고 상대가 당신을 위해 준비해둔 모든 것을 받을 수 있다면, 매우 행복한 일이다. 이를 통해 부정적인 생각을 멈추고, 미래를 걱정하기보다 현재를 누릴 수 있기 때문이다.

하지만 얻은 것에 만족하지 못하고 계속해서 모험을 떠나는 일은 옳지 않다. 우리가 변화하고 싶어 하는 이유는 변하지 않는 것이 있기 때문이다. 다시 말해 안정이라는 전제 조건 없이 매일 무언가를 바꿔야 한다면 매우 고통스러운 일이 될 것이다. 매일 외식을 하다 보면 집에서 밥을 해 먹는 것이 얼마나 근사한 일인지 알게 되는 것처럼 말이다. 결국 우리가 멀고 험한 길을 떠나는 이유는 자신의 필요를 만족시켜줄 완벽한 무언가를 찾기 위해서가 아니라 자신이 원하는 것이 얼마나 단순하고 평범한 것인지를 깨닫고 안정을 찾기 위해서다.

독일의 철학자 발터 베냐민Walter Benjamin은 이렇게 말했다.

"행복이란 두려워하지 않고 자기 자신을 알아가는 것이다."

그에 덧붙여 나는 이렇게 말하고 싶다.

"행복이란 스스로 원하는 것이 무엇인지 알고, 자신이 찾은 것에 만족하는 일이다."

자기 자신을 찾기 위한 모험을 두려워하지 말자. 또 나에게 딱 맞는 공간과 사람들을 만나게 된다면 이에 만족하고 감사하면서 살아가자. 행복은 멀리 있지 않다. 언제나 자기 자신 안에 있다.

얼마 전 우연히 단편 영화 한 편을
보게 됐는데, 짧은 내용임에도 큰 깨달음을 얻을 수 있었다. 영화
는 비쩍 마른 남자아이가 휘청거리며 플랫폼으로 걸어가 낡아빠
진 슬리퍼 한 짝을 주워 드는 장면에서 시작한다. 그 아이는 한쪽
구석으로 가 다 터진 슬리퍼를 고쳐보려고 애쓴다. 하지만 생각
보다 쉽게 고쳐지지 않자 실망하다 못해 화가 난 얼굴이 된다.

아이가 어떻게 하면 좋을지 고민하고 있을 때, 그의 앞으로 검
은색 새 가죽 구두 한 쌍이 지나갔다. 구두의 주인인 또 다른 남자
아이는 걸으면서도 연신 손수건으로 구두의 먼지를 털고 있었다.
앞서 가던 아버지는 아이에게 빨리 걸으라고 재촉하더니, 의자를
가리키며 얌전히 앉아 열차를 기다리라고 했다.

남자아이는 의자로 가 앉은 뒤에도 계속 구두를 닦았다. 그 모습만 봐도 아이가 구두를 얼마나 아끼는지 알 것 같았다. 하지만 가죽 구두를 신은 아이는 멀지 않은 곳에 자기 또래의 남자아이가 있다는 사실을 전혀 알지 못했다. 낡은 슬리퍼를 들고 있던 아이는 부러움이 가득한 눈빛으로 반짝반짝 빛이 나는 가죽 구두를 빤히 쳐다보다 부끄러움에 얼굴을 붉혔다. 그 아이가 가진 거라곤 낡아빠진 슬리퍼 한 짝뿐인 데다 자신을 돌봐줄 사람도 없었기 때문이다.

　잠시 후, 열차가 경적을 울리며 플랫폼으로 들어왔고 사람들이 열차 문 앞으로 다가갔다. 아버지가 빨리 열차를 타야 한다고 했지만 아이는 구두를 닦는 데만 정신이 팔린 탓에 인파에 밀려 뒤쪽으로 처지고 말았다. 아버지는 조바심을 내며 아들을 끌어당겼고 뒤쪽 승객도 마음이 급했는지 아이를 앞으로 밀었다. 그러는 사이 아이의 가죽 구두 한 짝이 벗겨져 플랫폼으로 떨어졌다. 바로 그때 열차가 천천히 움직이기 시작했고, 뛰어내려 구두를 주울 수 없었던 아이는 울음을 터뜨렸다.

　그 순간, 슬리퍼를 신고 구석에 쪼그리고 앉아 있던 남자아이가 쏜살같이 뛰어나와 가죽 구두를 집어 들었다. 아이는 보물이라도 얻은 것처럼 입가에 미소를 가득 머금고 두리번거렸다. 주변에 이 모습을 본 사람이 없는지 확인이라도 하는 것 같았다. 그러더니 구두를 보며 입술을 꼭 다물고 잠시 생각에 잠겼다.

남자아이는 발걸음을 떼더니 슬리퍼가 벗겨지는 것도 상관하지 않고 구두를 손에 꼭 쥔 채 열차를 쫓기 시작했다. 가죽 구두를 주인에게 돌려주고 싶었던 것이다.

　하지만 어떻게 사람이 열차보다 빨리 달릴 수 있겠는가. 아이가 겨우 열차 문 앞에 가까이 갔지만 열차는 속도를 내며 멀어졌다. 아이는 온 힘을 쏟아 구두 한 짝을 열차 안으로 집어 던졌다.

　하지만 안타깝게도 이 시도는 실패로 돌아가고 말았다. 구두 한 짝은 차체를 맞고 튕겨 나와 플랫폼 끄트머리로 떨어졌다. 아이의 얼굴에는 구두를 잃어버린 아이를 향한 안타까움이 떠올랐다.

　열차 문에 서 있던 가죽 구두를 신은 아이는 자신이 아끼는 신발을 되찾을 수 없음을 깨달았다. 그의 얼굴에도 실망의 빛이 스쳐 지나갔다. 그 순간, 행복한 사람은 아무도 없었다.

　그런데 뜻밖의 일이 일어났다. 구두를 잃어버린 남자아이가 남아 있던 한 짝을 벗더니 창밖의 아이에게 던져준 것이다. 그토록 애지중지하던 구두가 아니던가! 하지만 아이는 아무런 망설임 없이 구두를 던져준 뒤 플랫폼에 서 있는 남자아이에게 미소를 지으며 손을 흔들었다. 아이의 아버지는 묵묵히 지켜볼 뿐 아들을 꾸짖지 않았다.

　플랫폼에 서 있던 아이는 믿을 수 없다는 표정이 되어 나머지 구두 한 짝을 집어 들었다. 얼떨결에 자신이 그토록 원했던 구두 한 켤레를 가지게 된 것이다.

영화는 고작 몇 분짜리였지만 나는 며칠 동안이나 그 이야기를 곱씹었다. 의미를 이해하지 못해서가 아니라 영화가 주는 감동이 정확히 무엇 때문인지 알고 싶었기 때문이다.

우선 슬리퍼를 신은 소년이 어째서 열차를 쫓아 뛰었는지가 궁금했다. 내가 여기에 초점을 맞춘 이유는 질투라는 감정이 이 소년의 선량함을 삼키지 않았다는 사실 때문이었다. 그래서 이야기가 우리의 예상과 다른 결론을 맺은 것이다. 사실 이 소년은 자신보다 조건이 좋은 사람을 질투할 수도 있었다. 만약 소년의 마음속에 '내가 못 갖는 거면 너도 가지면 안 되지'라는 생각이 떠올랐다면 구두 한 짝을 숨겼을 것이다. 하지만 그는 부럽다는 감정을 가질지언정 질투는 하지 않았다.

'질투'와 '부러움'은 모두 상대가 나보다 더 나은 것을 가졌을 때 생긴다. 하지만 이 둘은 매우 다르다. 질투가 부러움보다 훨씬 공격성이 강하며 더 쉽게 사람의 마음을 좀먹는다.

질투를 할 때 사람의 머릿속에는 상대를 대신하거나 없애버려야겠다는 생각이 떠오른다. 공존을 허락하지 않는 것이다. 마치 산 하나에 호랑이 두 마리가 살 수 없듯이 말이다.

하지만 부러움은 이와 다르다. 누군가를 부러워할 때는 그를 통해 자신도 더 나아질 수 있다고 격려하게 된다. 질투처럼 상대를 없애버려야겠다는 생각을 하지 않으니 각자가 가진 아름다움을 지켜나갈 수 있다.

질투하는 사람은 상대방의 장점을 자신을 변화시키는 원동력으로 삼기 힘들다. 그에게는 타인의 불행이 자신을 행복하게 하는 일이기 때문이다. 이는 질투의 가장 무서운 점이기도 하다. 질투하는 사람이 꼭 나쁜 사람이라는 법은 없지만, 결국 자신도 모르는 사이에 악한 마음에 사로잡히게 되기 때문이다.

이런 상태가 오래가면 스스로 더 나은 사람이 되기 위해 노력하기보다 어떻게 해야 상대를 끌어내릴 수 있을지만을 궁리하게 된다. 상대를 망가뜨려야 자신의 부족함이 도드라져 보이지 않기 때문이다. 이런 사람은 진정으로 행복해질 수 없다.

영화 줄거리를 되짚어보자. 다행히도 슬리퍼를 신은 소년은 질투로 자신의 두 눈을 가리는 대신 선량함을 택했다. 소년의 이런 선택이 가죽 구두를 신은 소년의 마음을 움직여 모두가 따뜻함을 느낄 수 있는 이야기로 마무리됐다.

나는 깨달음을 준 두 소년에게 감사했다. 자기 자신 그리고 다른 사람을 행복하게 하기 위해서는 상대를 이해하고 질투에 사로잡히지 않아야 한다는 사실을 일깨워줬기 때문이다.

질투에 휘둘리지 않으면 어떤 상황에서도 압박감을 느끼지 않을 수 있다. 자유는 당신의 마음속에 있으며, 당신은 언제나 그 자유를 선택할 수 있다.

어른이 되면
인생의 맛이 쓴 이유

　　　　　　　　어느 날, 친구와 함께 새로 나온 초콜
릿을 사 먹었다.

　"이 초콜릿 아주 어른의 맛인데!"

　친구가 초콜릿을 입에 넣으며 생각에 잠긴 듯 말했다.

　"뭐가 어른의 맛인데?"

　"달기만 한 게 아니라 약간 쓴맛이 나거든."

　"그럼 쓴맛을 싫어하는 사람은 아직 어린 거야?"

　나는 슬쩍 떠보듯 물었다.

　"어린이들은 쓴맛을 싫어하는 게 아니라 그게 어떤 맛인지 아
직 알지 못하는 거지."

　"뭘 알아야만 쓴맛을 느낄 수 있는 거야?"

나의 어리둥절한 표정을 본 친구는 초콜릿을 삼킨 뒤 갑자기 인생 수업을 시작했다.

"인생의 맛은 음식과 같아. 단맛, 신맛, 떫은맛, 매운맛, 쓴맛이 있지. 이 맛은 나이를 먹으면서 하나하나 맛볼 수 있어. 아이들이 단맛을 좋아하는 건 그들에게는 아직 세상의 모든 것이 아름답기 때문이야."

친구는 뜸을 들이다 다시 입을 뗐다.

"아이가 조금 자라고 나면 남들과 비교하고 경쟁하게 돼. 또 행동을 규격화하게 되지. 이기고 지는 경험을 하고 다양한 사람을 만나면서 자신과 이 세계가 완벽하지 않다는 걸 깨닫지. 그때부터 신맛을 구별할 수 있게 되는 거야."

"하고 싶은 일이 많이 생기지만, 실제로 내가 할 수 있는 일은 많지 않지. 하고 싶은 대로 할 수 없다는 좌절감은 인생의 떫은맛을 가르쳐주는 것 같아."

친구의 말에 내가 덧붙여 이야기했다.

"맞아, 청춘의 시기가 딱 그렇지."

친구는 미소를 지으며 말을 이어갔다.

"그다음은 매운맛이야. 매운맛은 사실 통각이라잖아. 사회에 발을 내딛고 현실의 냉혹함을 배우고 나면 사람과 사람 사이에 계산과 배신이 난무한다는 것을 알게 돼. 속임을 당하거나 신뢰를 잃는 일도 생기지. 아주 화끈하게 매운맛을 느끼게 된다고나 할까. 인정사정없이 얼굴을 맞으니까 아파서 눈물을 흘리기도 하지. 하지만 넘어져 봐야 진정한 관계가 뭔지 알게 돼. 아픔은 쓴맛으로 고칠 수 있다는 것도 알게 되고. 인생의 쓴맛을 아는 사람은 보통 상처를 입어본 경험이 있어. 아픔을 겪은 사람은 이를 치료하기 위해 입에 쓴 약이 꼭 필요하다는 것도 알고 있지."

나는 친구의 말에 고개를 끄덕이며 이어서 말했다.

"그래서 나이가 많아질수록 맛이 우러나는 차나 커피를 좋아하게 되나 봐!"

친구는 내 말에 고개를 끄덕였고, 나는 마지막으로 이 인생 수업에 주석을 달았다.

"인생에 단맛만 있다면 금방 질리는 데다 그건 환상에 불과하잖아. 약간의 쓴맛이 있어야 삶이 더 진실하게 느껴지지. 행복을 더 크게 느끼려면 노력과 고생이 있어야 하는 것처럼 말이야."

친구는 초콜릿을 들고 웃으며 말했다.

"맞아, 인생의 쓴맛을 알면 이미 어른이 된 거야!"

환상에서 벗어나
현실을 마주하라

주변 사람들 중 '성숙'의 본보기라고 할 만한 이는 누구인지 생각해보자. 당신은 왜 그가 어른스럽다고 느꼈을까? 다른 사람들에게 친절하고 융통성이 있어서? 어떤 일에도 놀라지 않고 침착하게 대처해서? 그것도 아니면 사회 현상을 분석하는 데 독특한 관점을 가지고 있어서?

대부분의 사람은 어린 시절 빨리 어른이 되고 싶어 몰래 어머니의 신발을 신어보거나 아버지의 말투를 따라 해본 경험이 있다. 어떤 아이는 혼자서 버스를 타고 멀리 갔을 때 어른이 됐다고 느끼기도 한다.

하지만 막상 진짜 성인이 되는 날이 오면 성숙의 개념이 모호해진다. 그저 한 해 한 해 나이를 먹어갈 뿐, 갑자기 생각이 더 깊어진다든지 행동이 더 진중해지는 것도 아니기 때문이다. 점점 자신이 진짜 어른인지 아닌지 판단하기가 어려워진다.

어떤 사람들은 머리가 하얗게 셀 만큼 나이를 많이 먹었지만 생각은 어린아이처럼 지나치게 단순하다. 반대로 나이도 어리고 얼굴도 어려 보이지만 생각이 성숙한 사람들도 있다. 이런 차이는 어디에서 비롯될까?

심리학에서는 성숙에 대한 정의를 내릴 때 나이와 재정적 자유뿐만 아니라 '환상'과 '현실'을 구분할 줄 아는가를 중요한 기준으로 삼는다. 누군가는 이 기준에 대해 의아해할 수도 있다. 실제로 존재하는 것이 현실이고, 머릿속의 허구가 환상이라는 건 누가 봐도 분명한 것 아니냐고 말할지도 모른다. 하지만 감정적 경험을 하게 되면 아무리 간단한 이치도 순식간에 복잡해지고 만다.

한번은 20대 후반의 여성 내담자 A와 인간관계 문제에 대해 이야기를 나눈 적이 있다. 그녀는 팀장이 자신을 싫어해서 자신에게만 어려운 일을 시킨다고 믿고 있었다. 나는 그녀를 위로하면서도 어째서 팀장이 본인을 싫어한다고 생각하는지 알아보려고 애썼다.

"계속 팀장님의 차별이 심하다고 하시는데, 그런 사례나 근거가 있나요? 그 팀장님이 정말 A 씨를 싫어하고 일부러 힘들게 한다는 증거 말이에요."

"느낌이 그러니까요! 제가 느끼기에 팀장님이 저를 보시는 눈빛이 다른 직원들을 볼 때와는 다른 것 같아요."

"팀장님이 다른 동료들을 볼 때와 다른 눈빛으로 당신을 본다는 걸 어떻게 판단할 수 있죠? 동료들 반응은 어때요? 동료들에게 이런 문제를 이야기해본 적이 있나요? 같은 사무실에서 일하는 동료들이니까 팀장님의 말이나 행동에 대해 똑같은 경험을 한 사람이 있지 않을까요?"

"이런 일은 입 밖으로 꺼내기 굉장히 창피한 일이잖아요. 제가 모자라서 푸대접을 받는 것 같고. 저는 다른 사람, 특히 회사 동료들한테는 이런 이야기를 하고 싶지 않아요."

"그렇군요. 그럼 팀장님이 A 씨 말고 다른 사람에게 특별히 잘 해주거나 못되게 구는 걸 본 적이 있나요? 팀장님에 대한 주위의 평가는 어때요?"

"저 하나 신경 쓰기도 바쁜데 팀장님이 다른 사람한테 어떻게 대하는지 알 게 뭐예요."

"그럼 혹시 당신을 싫어하는 게 아니라, 부하 직원을 관리하는 팀장님만의 방식이라고 생각해보신 적은 없나요? 그저 팀장님과 A 씨의 생각이 다른 걸 수도 있잖아요."

"그런 건 잘 모르겠어요. 제가 느끼기에는 그냥 팀장님이 저한테 악감정이 있으신 것 같아요. 그렇지 않다면 제가 왜 이렇게 힘들겠어요?"

무엇이 문제인지 알겠는가? A의 진술에는 실질적으로 아무 증거도 없다. 그녀의 모든 말은 단순히 '생각'과 '느낌'일 뿐 자신의 말을 증명해줄 구체적 사실은 전혀 없다. 그런데도 그녀는 자기 생각이 옳다고 굳게 믿고 있었다.

이것이 바로 '환상' 속에 살 때 일어나는 반응이다. 환상 속에 사는 사람들은 자신의 추측을 사실이라고 확신한다. 이런 사람은 현실로 돌아와 진상을 파악하려 하지 않는다. 그저 본인의 느낌을 확장해 그대로 결론을 내릴 뿐이다. 환상의 세계에서 현실과 다른 상황을 창조하는 것이다. 이런 증상은 단순히 인간관계에서만 나타나지 않고 때로는 사회적인 편견과 차별을 낳기도 한다. 바로 인종이나 종교, 성적 취향에 대한 환상이다. 문제는 본인은 자신의 행동을 전혀 의식하지 못한다는 것이다. 아무리 사실을 알려줘도 그 사람들은 제대로 받아들이지 않는다.

혹시 주변에 당신보다 나이도 많고 더 많은 사회 경험을 쌓았는데도 미성숙하게 느껴지는 사람이 있다면 그가 이 부류에 속할 확률이 높다. 그는 줄곧 자신의 상상 속 세계에서만 사느라 자신이 잘못됐다는 사실을 전혀 눈치채지 못한다. 애초에 그 상상에서 깨어날 생각도 없을 것이다.

애니메이션 「인사이드 아웃」을 보면 '빙봉'이란 캐릭터가 등장한다. 빙봉은 주인공인 라일리가 어렸을 때부터 함께 놀던 상상 속의 짝꿍으로, 신기한 물건이 끝없이 나오는 가방과 노래를 연료로 사용하는 무지개 수레를 갖고 있다.

라일리의 대뇌를 관리하는 주요한 감정인 기쁨이가 위험에 빠졌을 때 빙봉은 줄곧 그녀 곁을 지키며 그녀가 다시 대뇌 관제탑으로 돌아갈 수 있게 돕는다. 그러던 와중에 함께 높은 절벽 아래 기억의 쓰레기장으로 떨어지고 만다. 기억의 쓰레기장은 오래된 기억들이 버려지는 곳으로, 이곳에 폐기된 기억은 영원히 사라진다. 둘은 무지개 수레를 타고 목청 높여 노래를 부르지만 절벽 위로 올라가는 데 번번이 실패한다.

있는 힘껏 노래를 불러 절벽 꼭대기에 다다른 순간, 빙봉은 기쁨이를 보내기 위해 스스로 무지개 수레에서 뛰어내린다. 빙봉은 수레의 동력에 한계가 있어서 만약 누구 하나가 희생하지 않으면 둘 다 기억의 쓰레기장에서 사라질 거라는 걸 알고 있었다. 라일리의 상상 속 친구인 자신은 사라져도 기쁨이는 반드시 라일리 곁으로 돌려보내고 싶었던 것이다.

당시 영화관에서는 이 장면을 보던 많은 관객이 눈물을 흘렸다. 나는 사람들이 이 이야기를 통해 잊고 있던 기억을 떠올렸으리라고 생각한다. 이 영화는 진정한 어른이 되려면 반드시 어린 시절의 환상을 내려놓아야 한다는 것도 보여준다.

한때 환상은 우리에게 많은 즐거움을 가져다줬지만, 우리는 자라면서 환상을 내려놓고 현실로 나아가는 법을 배워야 했다. 망상의 세계 속에 살면 현실과 마주할 용기가 부족해지고, 곤경을 뚫고 나갈 수 없기 때문이다.

물론 어른이 됐다고 해서 꿈을 꾸거나 기발한 발상을 하면 안 된다는 뜻은 아니다. 하지만 무엇이 상상이고 무엇이 실제로 일어나는 일인지 정확히 구분할 수 있어야 한다. 더 나은 사람이 되기 위해서는 자신의 의견만 고집하는 대신 현실을 직시하고 다른 사람의 의견도 수용할 줄 알아야 하기 때문이다.

'당신은 자는 척하는 사람을 영원히 깨울 수 없다'라는 말처럼, 누군가 환상 속에 살고 있다면 아무리 확실한 진상을 열거해도 그를 설득할 수 없을 것이다. 예를 들어 사전 조사도 제대로 하지 않은 채 창업에 대한 꿈으로만 가득한 사람이 있다고 해보자. 당신이 아무리 시장의 험한 사정을 알려줘도 그는 자신은 예외일 것이라고 굳게 믿는다. 그가 좀 더 빨리 실패를 맛보거나 우연히 꿈에서 깨어날 수 있다면 그나마 행운이라고 할 수 있다.

환상에서 깨어나는 것은 성장의 시작이다. 현실이 존재하는 이유는 스스로 가장 강인한 영혼으로 거듭나기 위해서다. 당신이 이 세상에서 착실하고 안정되게 살 수 있도록 말이다.

아쉬움을 남겨야
그리워할 수 있다

　　나는 손목시계를 다시 차기 시작하면서 다른 사람의 시계에도 많은 관심을 가지게 됐다. 누구나 스마트폰을 가지고 있는 시대에 손목시계를 차는 습관을 지닌 사람이 있다면 뭔가 오래된 역사와 추억이 담긴 이야기를 품고 있을 것 같기 때문이다.

　　어느 날 우연히 친구의 손목에 있는 시계를 보게 되었다. 시계에는 깊게 긁힌 흔적이 많아 시곗바늘조차 제대로 보이지 않았다. 그 친구는 평소 한 치의 빈틈도 없는 성격으로, 물건을 험하게 쓰거나 망가진 것을 가만히 놔둘 사람이 아니었다. 나는 의아함을 감추지 못하고 조용히 물었다.

　　"흠집이 이렇게 많은데, 시계 유리를 바꾸는 건 어때?"

"수리점에 물어봤는데 이 제품 유리는 이미 생산이 중지돼서 바꿀 수가 없대."

친구는 가볍게 웃으며 말했다.

"생산이 중지됐다고? 그럼 이 시계가 꽤 오래됐다는 뜻이네?"

"그렇지, 우리 아버지가 돌아가시면서 물려주신 거니까. 서랍에 한 10년 넣어뒀었는데 최근에 다시 꺼냈어."

친구는 의미심장한 눈빛으로 손목시계를 쳐다봤다.

"그러면 이 흠집은 네가 낸 게 아니겠네?"

"응, 우리 아버지가 시계와 함께 물려주신 거지."

"혹시 이 흠집들이 어떻게 생긴 건지 알아?"

나는 긁힌 자국이 남은 시계에 호기심을 느꼈다.

"좀 우스운 얘긴데, 아버지가 예전에 제법 많은 돈을 들여서 이 시계를 사셨대. 보물처럼 아껴 쓰시면서 정기적으로 공장에 보내 수리를 맡겼다고 하시더라고. 그런데 시계 유리를 새로 교체하고 난 다음 날 산에서 일하시다 실수로 부딪혀 유리에 흠집이 생긴 거야. 아버지는 헛돈을 썼다는 생각에 너무 속이 쓰리셨대. 돈을 또 쓰기가 싫어서 그러셨는지 엄마한테 혼날까 봐 그러셨는지 모르겠지만, 아버지는 그 뒤로 흠집이 난 시계를 그대로 차고 다니셨어. 시계가 잘 보이지 않는다고 불평도 하지 않으셨고."

"그럼 너는 무엇 때문에 이 손목시계를 서랍에서 꺼내 다시 차게 된 거야?"

"특별한 이유는 없고, 그럴 나이가 된 것 같아서. 아버지가 지금 내 나이에 이 시계를 샀다고 하셨거든."

친구는 엄지손가락으로 시계의 유리를 닦으며 말했다.

"넌 시계 유리를 새것으로 바꿀 수 있으면 바꿀 거야?"

"아니, 나도 좀 쓰다 보니까 익숙해졌어. 그리고 사실 난 이 긁힌 자국들이 좋더라고."

친구의 말에 나는 한동안 걸음을 멈추고 서 있어야 했다. 어쩌면 흠집이 좋다는 그의 말에는 아버지에 대한 그리움도 포함되어 있을 것이다. 계속해서 똑같은 동작으로 똑같은 흠집을 만지는데는 아버지를 향한 그리움이 하늘 먼 곳까지 닿기를 바라는 마음이 담겨 있으리라. 시계에 생긴 흠집은 그리움을 더 짙게 했다. 나는 무언가 부족한 부분이 있어야 나중에 더 그리워지는 법인가 보다고 생각했다.

친구의 손목시계를 보며 나는 내 몸에 남아 있는 흉터가 떠올랐다. 흉터 하나하나는 어린 시절을 떠올리게 하는 기억의 낙인이자 무엇에도 얽매이지 않고 자유분방하게 살았던 청춘의 증거이기도 하다. 만약 내 몸에서 이런 흉터가 사라진다면 곱씹어볼 이야기도 사라지는 셈이다.

이처럼 여기저기 새겨진 흉터들은 삶의 또 다른 상징물로, 지난날의 경험이 농축되어 있다. 흉터가 생기는 이유는 스스로 지나간 일을 추억하기 위해서일지도 모른다. 마치 친구가 손목시계에 있는 흠집에 대해 질문을 받을 때마다 아버지를 추억하는 것처럼 말이다. 그의 아버지는 시계에 흠집이 생겼을 때 아쉬워하셨겠지만, 그 덕에 자식에게 더 많은 추억을 남겨준 셈이 되었다.

나는 문득 영화 「일대종사」에서 배우 장쯔이章子怡가 한 말이 떠올랐다.

"생각해봐요, 인생에 후회가 없다는 건 다들 그냥 하는 말이에요. 우리 인생에 정말 후회가 없다면 얼마나 재미없을까요."

아쉬움을 이해하기 시작한다는 것은 그리움을 남길 줄 안다는 것과 같다. 이를 제대로 깨달았다면, 앞으로 일어날 많은 일에 대해 지나치게 완벽을 고집하지 않아도 될 것 같다. 완벽하지 않아야 희망을 키워나갈 수 있고, 새롭게 바꿀 기회를 품을 수 있음을 알게 되었으니 말이다. 이제 당신은 자신에게도, 다른 사람에게도 더는 완벽함에 목매지 않도록 여유를 줄 수 있을 것이다.

"행복이란 스스로 원하는 것이 무엇인지 알고,
자신이 찾은 것에 만족하는 일이다."

Chapter 3

실망의 감정을 잘 다스려야
진짜 어른이 된다

어느 날, 카페로 들어서는데 우렁찬 울음소리가 들렸다. 나는 깜짝 놀라 진원지를 찾았다. 남자아이 하나가 유리 진열대 앞에서 한 손으로 엄마의 옷깃을 잡은 채 다른 손으로 초콜릿 케이크 사진을 가리키며 "나 저거, 나 저거 사줘!"라고 말하고 있었다. 아이가 가리키는 케이크 사진 뒤편에는 '판매 완료'라고 적힌 팻말이 놓여 있었다.

'판매 완료'란 글이 아이가 이해하기에는 너무 어려웠던 걸까? 아이는 계속해서 고집을 부리며 엄마에게 케이크를 사달라고 졸랐다. 난감한 상황에 빠진 엄마는 아이를 진정시키기는커녕 가게 직원에게 화살을 돌렸다.

"주방에 케이크 더 없어요? 부탁 좀 할게요. 애가 이렇게 먹고 싶다고 하잖아요."

"죄송하지만 저희 가게 케이크는 만드는 시간이 정해져 있어서 판매가 완료되면 다시 만들어드릴 수 없습니다."

직원은 예의 바르게 대답했다.

그러자 아이의 엄마가 언성을 높였다.

"케이크 한 조각이잖아요. 뭐가 그렇게 어려워요? 지금 만들면 금방 만들 수 있잖아요."

직원은 당황한 얼굴로 케이크를 만드는 과정에 관해 설명하려 했다. 하지만 아이의 엄마는 그저 같은 말만 반복했다.

"빨리 좀 만들어줘요!"

그녀의 날카로운 목소리는 남자아이와 똑같이 닮아 있었다.

소란이 계속되자 가게의 손님들은 속닥거리기 시작했고, 어떤 사람은 휴대전화를 꺼내 동영상을 찍기도 했다. 사람들은 '예의'란 두 글자를 언급하며 그 엄마와 아들을 곁눈질했다. 모두 두 사람에 대해 이미 좋지 않은 판단을 내린 게 분명해 보였고, 얼마 지나지 않아 SNS에 모자의 소식이 올라올 것 같았다. 어느새 가게 안은 물론 밖까지 그들을 손가락질하는 사람들로 북적거렸다.

그때 갑자기 카운터 안쪽에서 사장으로 보이는 다소 험악하게 생긴 중년 남자가 걸어 나왔다. 그는 진지한 표정으로 모자에게 다가갔다. 나는 그가 안 그래도 소란스러운 상황을 더 키우는 것은 아닐까 걱정이 됐다. 나도 모르게 손바닥에 살짝 땀이 맺혔다.

하지만 그는 뜻밖에도 한쪽 무릎을 꿇고 앉은 자세로 아이와 눈을 맞추더니 부드러운 목소리로 말했다.

"우리 꼬마가 초콜릿 케이크가 먹고 싶었구나."

아이는 울먹이며 고개를 끄덕였다.

"그런데 케이크는 이미 다 팔렸어. 알고 있니?"

남자아이는 한 걸음 뒤로 물러나 엄마를 한 번 쳐다본 뒤 쭈뼛거리는 목소리로 말했다.

"알아요."

아저씨는 얼굴에 미소를 지었다.

"케이크가 먹고 싶었는데 이미 다 팔려서 먹지 못해 속이 상했구나. 머리로는 알겠는데, 너무 먹고 싶어서 어떻게 해야 할지 몰랐지? 그래서 엄마가 대신 어떤 방법을 찾아줬으면 한 거잖아, 그렇지?"

남자아이는 다시 엄마의 손을 끌어당겼다. 그제야 아이의 엄마는 점원에게 소리 지르는 걸 멈추고 앞에 있는 남자를 바라봤다.

"엄마가 널 위해 열심히 방법을 찾아보셨다고 생각하니?"

남자의 물음에 아이는 크게 고개를 끄덕였다. 남자는 손을 내밀어 아이의 머리를 쓰다듬으며 말했다.

"아주 착하구나! 그런데 이 케이크는 먹을 수 없어. 엄마가 일부러 안 사주시는 게 아니야. 케이크를 파는 누나가 너 몰래 숨겨 놓은 것도 아니고. 아저씨는 네가 케이크를 못 먹어서 얼마나 속상한지 잘 알고 있어. 하지만 우리는 이 결과를 받아들여야 한단다. 그래야 어른이 될 수 있거든. 너도 어른이 되고 싶니?"

"되고 싶어요! 저 내년에 유치원 상급반에 올라가요."

아이는 진지한 표정으로 대답했다. 조금 전과는 전혀 다른 아이가 된 것 같았다.

"그렇구나. 그러면 이제 엄마한테 말씀드리면 어떨까? '초콜릿 케이크 안 먹어도 괜찮아요. 우리 다음에 와서 먹어요'라고 말이야. 그럼 아저씨는 네가 상급반 수업을 들어도 될 만큼 컸다고 느낄 수 있을 것 같아."

그러자 남자아이는 몸을 틀어 엄마를 보며 큰 소리로 말했다.

"엄마, 저 케이크 안 먹어도 괜찮아요. 오늘 말고 다음에 먹을 게요."

조금 전까지만 해도 잔뜩 화가 나 있던 엄마는 아이의 말에 살짝 안정을 찾은 듯했고, 아저씨에게 고맙다는 인사를 한 뒤 급히 가게를 떠나려 했다. 그때 남자가 아이의 엄마를 불러 세우더니 카운터에서 명함을 꺼내 건네며 예의 바르게 말했다.

"어머니, 다음에 아이가 초콜릿 케이크를 먹고 싶어 하면 오시기 전에 전화 한 번만 주시겠습니까? 저희가 미리 케이크를 남겨 놓겠습니다. 이렇게 하면 아드님이 또다시 실망해서 울 일은 없을 겁니다."

아이의 엄마는 명함을 받아들고 힘껏 고개를 끄덕였다. 입술이 떨리는 것을 보니 감정이 복받쳐 눈물이 나려는 걸 간신히 참고 있는 것 같았다.

중년의 남자는 어린아이의 마음을 녹였을 뿐만 아니라 어찌할 바를 몰랐던 엄마의 마음도 위로해주었다. 그는 이들을 질책하지 않았다. 그저 사람이 예의 있게 행동하려면 일단 '실망과 좌절'을 소화할 능력이 있어야 함을 아이에게 분명하게 가르쳐주었을 뿐이다.

자신의 실망을 어떻게 처리해야 좋을지 모르는 사람은 이성보다 감정에 사로잡히고 만다. 만약 남자가 아이의 슬픔을 받아주며 감정의 속박에서 벗어날 수 있게 도와주는 대신 무작정 어른들의 규칙을 따르라고 요구했다면 어땠을까? 아마도 아이는 '좌절하게 되더라도 융통성 있게 생각하고 희망을 가져야 한다'는 삶의 이치를 배우지 못했을 것이다. 마치 아이의 엄마가 대응 능력을 잃고 무례한 태도로 다른 사람에게 협조를 강요했던 것처럼 말이다. 어쩌면 이 엄마 역시 그동안 실망에 맞서려면 어떻게 해야 하는지 아무에게도 배운 적이 없을지 모른다. 그 때문에 아이의 좌절감에 어떻게 반응해야 할지 몰라 아이와 똑같이 가게 직원에게 그대로 감정을 쏟아낸 것이다.

남자가 이 모자를 포용해준 덕에 그들을 흘깃거리고 있던 손님들도 웃음을 되찾을 수 있었다. 나는 이 상황을 지켜보다가 순간 깨달음을 얻었다.

'어떤 사람이 예의가 없어 보일 때는 그가 나쁜 사람이라서가 아니라 무언가에 실망했기 때문일 수도 있구나. 나도 그런 사람을 만나게 된다면 먼저 그의 마음을 이해하고 포용해주어야겠다. 누군가가 자신의 무거운 감정을 받아줄 때 그는 자신에게 다른 방법도 있음을 알게 될 테니까.'

이 교훈을 마무리하면서 내가 가장 존경하는 심리학자 어빈 얄롬Irvin Yalom(미국의 심리학자이자 스탠퍼드 대학교 정신과 명예교수로 집단 상담의 세계적인 권위자다-옮긴이)의 한마디를 남기고 싶다.

"한 사람이 선택의 유한성을 받아들일 수 있을 때 그는 우아하게 자랄 수 있다."

부디 당신도 실망의 감정을 잘 다스릴 줄 아는 '진정한 어른'이 되기를 바란다.

마음의 문을 닫은
사람을 만나면 일단 기다려라

　　　　　　　　　　어느 날 볼일이 있어 은행을 방문했
는데, 창구 앞은 순서를 기다리는 사람들로 가득했다. 속으로 심
상치 않다고 생각하며 벽에 붙은 달력 겸 시계를 보니 마침 대부
분의 회사에서 월급을 지급한다는 '5일'이었다.

　하지만 그 와중에도 객장에서는 일정한 질서가 지켜지고 있었
고, 은행원들이 번호를 부르는 딱딱한 소리 외에 다른 소리는 거
의 들리지 않았다. 사람들은 손에 쥔 번호표만 보며 자신의 순서
를 기다리고 있었다. 그때 정적을 깨고 여자의 날카로운 목소리
가 들려왔다.

　"계좌를 개설해달라고! 뭘 그렇게 물어봐? 그냥 계좌 하나 만
들어주면 되잖아."

한 창구에서 예순 살이 조금 넘어 보이는 아주머니가 은행원을 향해 소리를 질렀다.

"고객님, 은행에서는 원칙상 계좌를 개설하는 목적이 무엇인지 묻게 되어 있습니다. 투자를 하시려는 건가요? 이자를 받으실 목적인가요? 아니면 월급을 받는 용도인가요?"

젊은 은행원은 인내심을 발휘해 찬찬히 설명했다.

"아, 글쎄 난 무슨 말인지 모르겠다니까! 통장 하나 만드는 건데 무슨 질문이 이렇게 많아?"

아주머니는 제멋대로 굴며 더 큰 소리로 말했다.

그 뒤로 은행원이 아무리 설명을 해도 아주머니는 들으려고도 하지 않았다. 그녀는 자신의 목적을 달성하는 일에만 관심이 있을 뿐 은행원의 질문 따위에는 대답할 생각이 아예 없어 보였다. 은행원은 할 수 없다는 듯 정색하며 말했다.

"요즘 규제가 얼마나 엄격한데요. 정확히 말씀해주시지 않으면 저도 처리해드릴 수가 없습니다."

마음이 급해진 아주머니는 어디론가 전화를 걸어 지원 요청을 했다.

"아루阿如, 내가 나 혼자서는 못 할 것 같다고 했는데, 네가 그냥 혼자 가라고 했잖아. 은행에선 안 된다는데 어떻게 할 거야?"

그녀는 험한 말을 퍼부으며 엉뚱한 사람에게로 화살을 돌렸다. 휴대전화 너머에서는 어떻게든 아주머니를 안심시키려고 하는 것 같았지만, 그녀는 마치 귀가 먼 것처럼 아무 말도 듣지 않고 소리만 질렀다.

"무슨 말인지 모르겠어, 난 못 한다고. 아, 모르겠다니까!"

잠시 후, 아주머니는 자신의 휴대전화를 은행원에게 넘겨주며 아루와 은행원 두 사람이 통화하게 했다. 하지만 은행원은 고개를 절레절레 흔들고 손을 내저으며 통화를 거절했다.

"이러시면 안 됩니다. 계좌 개설하시는 분께 직접 답변을 받아야 해요."

좌절한 아주머니는 화가 머리끝까지 치솟아 휴대전화에 대고 외쳤다.

"너 때문에 내가 여기서 괜히 시간 낭비하고 있잖아!"

그녀는 전화를 끊더니 휴대전화를 있는 힘껏 창구 위에 내팽개쳤다. 이 모습을 본 객장 안의 손님들은 왜 하필 이 바쁜 때에 계좌를 개설하겠다며 난리를 치는 거냐고 쑥덕거리며 눈을 흘겼다.

이후 객장 안의 소란을 눈치챈 은행 점장이 아주머니 옆으로 다가와 빨리 처리하라는 듯 은행원에게 눈짓했다. 진퇴양난에 빠진 은행원은 더 많은 서류를 꺼내 아주머니에게 법규를 설명하려 애썼고, 사람들은 이 점잖아 보이는 직원이 시끄러운 아주머니를 어떻게 처리할지 지켜봤다.

하지만 아주머니의 저항은 갈수록 거세졌다. 계속해서 은행원의 말이 너무 빠르다는 둥 질문이 어렵다는 둥 늙은 사람을 힘들게 한다는 둥 하며 언성을 높였다. 그 때문에 객장 안에 있는 손님들은 감정 쓰레기통이 되어 아주머니가 쏟아내는 불만을 고스란히 들어야만 했다. 하지만 아무도 나서서 이 상황을 해결하려 하지 않았다. 괜히 한마디 했다가 덤터기를 쓸까 봐 걱정이 됐기 때문이다.

만약 정말 자기장이 있고 그걸 색깔로 나타낼 수 있다면 그 아주머니의 주위 2미터 안은 완전히 시커멓게 보였을 것이다. 그렇게 객장 분위기가 최악에 이르렀을 때, 갑자기 조금 전 아주머니와 통화했던 '아루'가 나타났다. 마흔 살이 조금 넘어 보이는 아루는 길에서 흔히 보는 이웃 주민 같았지만, 그가 등장하여 아주머니 옆에 앉는 순간 모든 사람의 시선이 그에게 쏠렸다.

아주머니는 아루를 보자 다시 속사포처럼 은행원을 탓하는 말을 쏟아내기 시작했다. 아루는 그녀의 등을 두드리며 말했다.

"여기 직원분이 그렇게 많은 질문을 하는 건 아줌마를 보호해주기 위해서예요. 어렵게 번 돈인데 누구한테 속아서 뺏기면 안되잖아요. 전에 저한테 나이 먹을수록 머리가 잘 안 돌아간다고 사기당하지 않게 조심해야겠다고 하셨으면서."

아주머니는 아루가 자신을 질책하지 않고 다정하게 타일러주니 일순간 긴장이 풀린 듯했다. 아루는 아주머니가 조금 진정된 것처럼 보이자 다시 말을 건넸다.

"제가 좀 전에 전화로 은행원에게 어떻게 대답하라고 했는지 기억나세요?"

아주머니가 황망한 얼굴로 고개를 절레절레 흔들자 아루가 다시 물었다.

"그럼 은행원이 뭐라고 물었는지 기억나세요?"

"너무 복잡하게 말하는데 내가 어떻게 알아들어!"

아주머니는 다시 고개를 저으며 큰 소리로 말했다.

아루는 말투를 바꿔 마치 어른이 아이를 가르치듯 단호하게 말했다.

"다른 사람 말이 복잡하게 들리는 건 아줌마가 괜히 겁을 먹어서 그런 거예요."

아루의 한마디에 나는 어째서 아주머니가 그렇게 거칠게 굴었는지 알 것 같았다. 그녀의 흥분한 목소리 뒤에는 두려움이 숨겨져 있었던 것이다.

속내를 들킨 아주머니는 말을 얼버무리며 자기 입장을 해명하려 했다. 아주머니가 난감해하는 걸 눈치챈 아루는 그녀의 등을 토닥이며 부드러운 목소리로 말했다.

"계좌 개설해서 정정당당하게 장사하시려는 거잖아요. 무슨 나쁜 짓 하는 것도 아닌데 뭘 그렇게 긴장하세요? 아줌마가 그렇게 나이가 많으신 것도 아니고 말이에요. 저한테 집에서 무시당하느니 밖에 나와서 더 많이 배우고 싶다고 하셨잖아요. 근데 이렇게 밖에 나와서 다른 사람한테 화를 내면 어떻게 해요?"

아주머니는 민망했는지 아루의 눈을 보며 작은 목소리로 대답했다.

"내가 못 알아듣는다고 남들이 욕하면 어쩌나 싶어서…. 바보 같다고 비웃을까 봐…."

아루는 아주머니의 손을 꼭 잡고 은행원을 보며 진지한 목소리로 말했다.

"여기 아줌마 비웃을 사람 한 명도 없어요. 다들 아줌마 도와주려는 거예요."

은행원 역시 세차게 고개를 끄덕이며 말했다.

"고객님, 저는 고객님이 남한테 속지 않게 도와드리려는 거예요. 절대 고객님을 난처하게 하려는 게 아닙니다."

그 말에 아주머니는 고개를 끄덕이며 조금 부끄러운지 작은 목소리로 말했다.

"고마워요. 최대한 협조할게요. 내가 모르는 부분은 좀 가르쳐줘요!"

한쪽에 서서 아주머니의 변화를 지켜보고 있던 나는 집안 어르신들이 떠올랐다. 나는 예전에 어르신들께 컴퓨터 사용 방법을 가르쳐드리려고 한 적이 있다. 하지만 그들은 매번 "난 못 해", "잘 모르겠어"라는 말로 호의를 물리치곤 했다. 처음에는 좋은 분위기로 시작하지만, 나중에는 큰 소리가 나는 경우가 대부분이었다. 나는 어르신들께 왜 배우려고 하지 않느냐며 열을 올렸고 그들은 내게 인내심이 없다며 화를 내는 통에 분위기가 금세 얼어붙고 말았다.

어쩌면 나는 그때 이 은행원과 같았는지 모른다. 틀린 말을 하는 건 아니지만, 어른들의 부담을 덜어주지 못하고 계속 복잡한 자료만 들이밀었던 것이다. 나는 그제야 어른들이 느꼈을 압박감과 두려움을 이해할 수 있었다.

나이와 상관없이 누구나 낯선 일을 만났을 때 저항하게 되는 것은 필연적인 반응이다. 그래야만 충동적으로 행동하지 않고 신중하게 판단할 수 있기 때문이다. 우리는 이러한 저항을 통해 외부의 변화에 현명하게 대처하고 자신을 지킬 수 있다.

무언가를 알려주려 했을 때, 상대가 저항하는 모습을 일종의 적의로 볼 수도 있고 자신을 지키려는 방어 기제로 이해할 수도 있다. 중요한 것은 상대가 무엇인가를 시도할 때 어떤 방법을 써야 최종 목적을 달성하는 데 도움을 줄 수 있느냐다.

사람은 누구나 자신의 부족함을 두려워한다. 그러므로 어린아이는 물론 어른에게도 큰 격려로 새로운 발걸음을 내디딜 수 있게 도와줘야 한다. 삶의 여러 풍파를 겪으면 침착하고 노련해질 것 같지만, 사회에 대한 신뢰감은 오히려 더 약해지기 마련이다. 살면서 많은 상처와 배신을 당해봤기에 어쩔 수 없이 나이와 서열로 보이지 않는 벽을 쌓아 자신을 지키려는 것이다.

그런 사람들은 분노로 자신의 연약함을 위장하며 높은 벽을 쌓고, 성벽 밖에 서 있는 우리는 그 뾰족하고 높은 벽을 바라보며 그들이 우리 말을 들으려고 하지 않는다며 오해하고 만다.

나는 아루가 아주머니를 대하는 방식을 보며 깨달았다. 그 벽은 우리가 몽둥이를 들고 깨부수려 할수록 더 두꺼워진다는 사실을 말이다. 그 안으로 들어갈 수 있는 유일한 방법은 문을 가만가만 두드려 선의로 찾아왔음을 알리고 그들이 두려워하지 않을 때까지 기다려주는 것이다. 그러면 두려움이 약해진 성벽 안의 사람은 제 발로 걸어 나올 것이다.

다른 사람을 설득할 때는
도와줘야 할 사람이라고 생각하라

　　　　　　　　사람들은 누군가를 설득한다는 게
매우 어려운 일이라고 생각한다. 그래서 '세상에서 가장 어려운
두 가지 일은 상대의 손에 있는 돈을 내 주머니에 넣는 것과 내
생각을 상대에 머리에 넣는 것이다'라는 말이 있는 모양이다. 상
대가 원하지 않는 한 그의 생각을 바꾸는 것은 쉽지 않은 일처럼
느껴진다.

　하지만 우리는 언제나 설득의 순간과 맞닥뜨린다. 판매나 구매,
일반 업무, 재무, 행정, 고객 서비스 등 어떤 일을 하든 간에 타인
과의 의사 소통은 피할 수 없다. 또한 그 과정에서 상대를 설득해
상대가 나에게 기꺼이 협조하고 행동을 조정하게 해야 한다.

　사람들은 '설득'이라고 하면 흔히 '말'과 '승복'을 연상한다. 상

대가 자기 말을 따르게 하려면 수많은 이치나 증거를 대야 한다고 생각하기 때문이다. 또 어떤 사람은 권력을 이용해 상대방이 억지로라도 자신을 따르게 만들기도 한다.

그러나 이런 행동에는 후유증이 따른다. 상대가 당장은 반박하지 않을지라도 이후에 다시 협조하지 않을 가능성이 크기 때문이다. '어떻게든 상대가 내 말을 따르도록 해야 한다'는 식의 소통은 결국 양쪽 모두에게 상처를 입히게 된다.

적은 노력으로도 쉽게 상대를 설득하고 서로 원만한 관계를 유지하는 방법은 따로 있다.

언젠가 친구를 따라 예술품을 사러 간 적이 있다. 친구는 장식을 겸하면서 풍수 효과를 얻을 수 있는 근사한 호랑이 조각상을 사고 싶어 했다. 우리는 꽤 많은 예술품 가게와 수공예 가게를 방문했다. 하지만 어떤 것은 크기가 너무 커서 놓을 공간이 없고 또 어떤 것은 값이 너무 비싸 예산에 맞지 않았다. 거의 포기하려고 할 무렵 나는 모퉁이의 한 가게에서 크기도 적당하고 가격도 합리적인 호랑이상을 발견했다. 나는 기쁜 마음에 얼른 친구를 불렀다. 친구는 호랑이상을 들고 이리저리 자세히 살폈다. 그런데 어찌 된 일인지 호랑이상을 제자리에 내려놓고 가게 밖으로 나가 버렸다.

나는 선뜻 이해되지 않아 친구를 따라가며 물었다.

"조금 전에 그 호랑이 별로였어?"

"좋긴 좋은데 하나가 마음에 걸리네."

"뭔데?"

"호랑이가 조금 뚱뚱하더라고. 체형을 세심하게 표현하지 못한 것 같아."

나는 이 친구가 평소 운동을 좋아해 몸매의 균형에 상당히 신경 쓴다는 걸 알고 있었지만, 사소한 문제로 괜한 고민을 한다는 생각에 속으로 웃음이 났다. 그래 봤자 호랑이 조각상일 뿐인데 거기에 자신을 투사할 필요는 없지 않은가. 하지만 친구에게 속마음을 있는 그대로 이야기하진 않았다.

"그냥 호랑이상 하나 사는 거잖아. 그게 평평하든 둥글든 무슨 상관이야? 그냥 빨리 사서 집에 가자. 괜히 시간 낭비하지 말고."

만약 내가 이렇게 말했다면 친구는 어떤 반응을 보였을까? 아마 그는 내가 배려심이 부족하며 자신을 이해하지 못한다고 생각했을 것이다. 그럼 결국 호랑이상은 사지도 못하고 서로 감정만 상했을 수도 있다.

그래서 나는 그저 아무 말 없이 고개만 끄덕였고, 함께 다른 가게 두 곳을 더 방문했다. 하지만 딱히 마음에 드는 호랑이상을 찾지 못했고, 갈수록 친구의 걸음이 무거워졌다. 바로 그때, 나는 기습적으로 친구에게 매우 핵심적인 질문을 던졌다.

"넌 호랑이가 너무 말라서 배고파 보이면 어떻게 할 거야?"

이 질문을 들은 친구는 뒤통수를 세게 맞은 것처럼 눈이 커지더니 다짜고짜 걸음을 돌려 조금 전의 그 가게로 뛰어들어갔다. 그리고 가격도 흥정하지 않고 바로 지갑을 꺼내 그 호랑이상을 사서 나왔다.

그는 만족스러운 얼굴로 호랑이상을 들고 다가왔다. 나는 친구의 과감한 행동에 엄지손가락을 치켜들어 칭찬했다. 친구는 민망한 듯 머리를 긁적이며 물었다.

"어떻게 그처럼 그럴듯한 이유로 날 설득했냐?"

"난 너를 설득하거나 이기려고 한 게 아니야. 그냥 네 상황을 생각해본 거지. 호랑이상을 사면 책상에 놓고 아침저녁으로 보게 될 텐데, 뭘 신경 쓰는 게 가장 좋을까? 멋있는지 아닌지는 다른 문제고, 일단 보기에 너무 무섭거나 위협감을 느끼면 안 되잖아."

"그렇지."

친구가 맞장구를 쳤다.

"그러니까 살짝 뚱뚱한 호랑이가 체격은 탄탄하지만 호시탐탐 너를 노려보고 있는 호랑이보다는 친숙하고 안정감 있게 느껴지지 않을까? 난 네가 생각하지 못한 관점을 상기시켜준 것뿐이지, 결국 너를 설득한 건 너인 거야."

친구는 사람들이 얼마나 쉽게 스스로 생각지도 못한 모순에 빠져 좋은 기회를 날려버리는지에 대해 동의한다는 듯 너털웃음을 터뜨렸다.

당신은 남과 의견이 일치하지 않을 때 어떻게 행동하는가? 자기 입장에서만 서서 상대가 융통성 있게 대처하지 못한다고 화를 내는가? 아니면 상대의 입장에서 그를 이해해보려 하는가?

사람을 설득하는 최고의 방법은 당신이 의혹을 제기하거나 반대하려는 것이 아니라 더 나은 결정을 내리도록 도와주고 있다고 느끼게 하는 것이다. 다시 말해 상대가 신경 쓰는 부분을 당신이 있는 그대로 받아들이면, 상대는 당신이 진정으로 자신의 입장에서 생각해준다고 느끼게 된다. 그러면 기꺼이 당신이 가리키는 방향을 따라 다른 가능성을 보려 할 것이다.

당신은 솔직히 말하는 게 아니라
상처를 주고 있을 뿐

언제부터인가 사람들은 '직설적으로 말하는 것'을 '솔직하다'와 같은 의미로 쓰기 시작했다. 말에 꾸밈이 없을수록 담백하고 가식 없는 사람이라고 평가한다고나 할까. 인터넷에서는 솔직한 발언일수록 많은 사람의 관심을 얻을 수 있으며, 특히 정치인들은 이를 통해 요직으로 가는 발판을 마련하기도 한다.

문제는 그런 사람들은 자신의 말이 당사자에게는 얼마나 상처가 될지 생각하지 않는다는 것이다. 심지어 누군가가 그런 사람에 대해 불편함을 표시해도 또 다른 누군가가 나서서 중재하는 경우도 있다. "그 사람이 말은 날카롭게 해도 마음은 여려요"라든지 "솔직한 것이 위선보다 낫잖아요"라고 말이다. 그러면서 이런 행동을 '결점보다 장점이 많다'며 미화한다. 또 이런 말을 들었을 때 반박하면 속이 좁아 보일까 봐 걱정되어 마음속으로는 피를 흘리면서도 별일 아니라는 듯 웃으며 넘기는 사람도 적지 않다.

모두가 이런 행동을 묵인한 채로 오랜 시간이 흐르다 보면 생각 없이 말하는 사람들은 솔직함이라는 가면을 쓰고 더 많은 사람을 다치게 한다. 이는 심지어 집단의 습관이나 문화가 되어 나중에는 가시 돋친 말에도 마비가 된 듯 정서적 학대를 받는 것조차 스스로 깨닫지 못하게 된다.

한번은 어느 수강생이 내 강의에 자신의 팀장을 초대했다. 그 수강생은 팀장이 강의를 들은 뒤 깨달음을 얻고 직장 내 분위기를 바꿔 매일 지옥 같은 직장에서 근무하지 않아도 되길 바랐다.

나 역시 이 사실을 알고 있었다. 그래서 강의가 끝난 뒤 일부러 두 사람에게 다가가 팀장을 겨냥한 인사말을 건넸다.

"와주셔서 감사합니다. 오늘 강의 내용 중에 특별히 느끼신 부분이 있는지 모르겠네요."

팀장은 고압적인 자세로 말했다.

"글쎄요."

그 순간, 나는 바로 맞받아치고 싶었다. 하지만 미안해하는 수강생의 얼굴을 보니 목구멍까지 차올랐던 말을 다시 삼킬 수밖에 없었다.

나는 분위기를 바꿔 차분히 말했다.

"그렇군요. 대답해주셔서 감사합니다."

팀장은 여전히 고압적인 자세로 한마디를 덧붙였다.

"천만에요. 전 원래 이야기 나누는 걸 좋아하거든요. 하고 싶은 말이 있으면 바로바로 하고요."

다음 날, 수강생이 메시지를 보내왔다.

"선생님, 어젯밤에는 죄송했습니다. 저희 팀장님이 악의는 없으신데 듣기 좋은 말을 할 줄 모르세요."

솔직히 말해 수강생의 사과는 내게 그리 중요하지 않았다. 내가 정말 관심이 있는 건 수강생이 사무실에서 일할 때도 자주 이런 조롱을 받느냐 하는 문제였다. 나는 슬쩍 떠보듯 수강생에게 물었다.

"팀장님이 그런 말투로 자주 이야기하시나요?"

"늘 그렇죠, 뭐. 어제는 아주 사소한 경우인걸요. 예를 들어 평소에 제가 한 일이 마음에 안 드시면 '만약 네 교수님이 네가 이렇게 일하는 걸 아신다면 다른 사람들에게 네가 자기 제자라고 말하고 싶지 않겠다' 같은 말을 하세요."

"그럼 A 씨는 그런 팀장님의 말을 어떻게 생각해요?"

"사실 팀장님이 그렇게 나쁜 사람은 아니에요. 가끔은 직원들을 도와주시기도 하거든요. 말을 좀 직설적으로 하시긴 하지만, 호의로 알려주시려고 그러는 거라고 생각해요."

'호의로 알려주려고 한다'라는 말을 듣는 순간 나는 식은땀이 났다. 이 수강생은 그동안 얼마나 만신창이가 되도록 공격을 받았기에 '호의'와 '악의'도 구분하지 못하는 지경에 이르렀을까?

사실 말을 솔직히 하는 것과 말에 가시가 있는 것은 서로 다르다. 하지만 우리 사회는 종종 '위협'을 '직접적'이란 말로 포장한다. 당신도 살면서 다음과 같은 말을 한두 번은 들어봤을 것이다.

"물건을 왜 이렇게 자주 잃어버려? 머리는 장식으로 달고 다니니?"

"텔레비전을 그렇게 가까이에서 보다 눈멀고 싶니?"

"이런 수준으로 S 대에 갔다니 우리나라에 진짜 인재가 없나 보다."

"이런 발표 하나 제대로 못 하다니. 너 대학은 어떻게 들어갔어?"

이런 말들을 자세히 분석해보면 비판과 편견이 뒤섞여 있음을 알 수 있다. 하지만 당신이 설사 반격을 한다 해도 상대는 "내가 틀린 말을 한 것도 아닌데 왜 그렇게 격한 반응을 보이고 그래?"라고 말할 것이다. 이거야말로 세게 한 방 맞고도 아프다고 말도 못 하는 꼴이 아닌가.

말에 가시가 돋친 사람은 칼집도 없이 칼을 들고 다니는 사람과 같다. 곁을 지나다 상처를 입은 사람이 도의를 따지려 하면 오히려 "잘 좀 보고 다녀!"라고 화를 내는 격이다. 이 얼마나 황당한 일인가.

그런데도 사람들이 이를 '위협'이 아니라 '직접적'이라고 하는 이유는 이런 말들로 느끼게 되는 정신적 충격이 너무 크기 때문일지도 모른다. 마음은 상처를 받았는데 어떻게 반응해야 할지 몰라 상대의 행동이 직접적인 것뿐이라고 합리화하는 것이다. 그래야 자기 마음이 편하기 때문이다. 하지만 직접적인 말과 위협적인 말은 다르다.

진정으로 솔직한 사람은 자기 생각과 기대를 명확히 이야기한다. 그러므로 당신은 그의 진짜 생각이 무엇인지 따로 추측할 필요가 없다. 정말 솔직한 사람은 같은 의도라 해도 다음과 같이 말한다.

"나는 네가 물건을 너무 자주 잃어버려서 걱정이야. 다음부터는 좀 더 잘 챙기는 게 어때?"

"텔레비전을 너무 가까이에서 보면 눈이 나빠질 수 있어. 소파에 앉아서 보는 게 어떻겠니?"

"이런 업무 능력으로는 목표에 도달할 수 없어. 힘들겠지만, 좀 더 바짝 따라와야 할 것 같아. 그러지 않으면 금세 뒤처지고 말 거야."

"발표가 내 기대에는 좀 못 미치네. 핵심을 더 강조할 필요가 있겠어."

이 말들을 보면 상대가 무슨 생각을 하고 있는지, 자신이 다음에 할 일이 무엇인지 훨씬 쉽게 이해되지 않는가? 앞의 예문과는 달리 내용 자체가 직접적이고 담백하다. 자신의 편견을 솔직으로 포장하지 않았다. 한 가지 덧붙이자면, '나'란 말을 잘 사용하지 않는 사람은 주의하는 것이 좋다. 이런 사람들은 보통 자신의 언행에 책임을 지려 하지 않고 책임을 '타인'에게 교묘하게 전가한다.

당신 주변에 남의 기분을 고려하지 않고 말하는 사람이 있다면 그가 내뱉는 상처 주는 말에 솔직한 것뿐이라고 변호해주지 말기를 바란다. 당신의 가치는 당신이 결정하는 것이다. 당신이 그의 행동을 심각하게 여기지 않을수록 자신을 계속 그렇게 대해도 된다고 허락해주는 것과 같다.

그렇다면 이제 어떻게 해야 할까? 상대가 말로 당신을 화나게 하면 그의 말 속에 숨겨진 의미를 찾아내려고 애쓰지 말고 보다 '직접적'으로 "진짜 하고 싶은 말이 뭡니까?"라고 대꾸해주면 된다. 굳이 서로 힘겨루기를 하지 않아도 상대는 당신의 이런 물음에 말문이 막힐 것이다. 이런 사람들은 자신의 말에 누군가가 반박하는 상황에 익숙하지 않기 때문이다. 이렇게 상대의 말문을 막으면 눈에 보이지 않는 상처가 당신의 마음에 뿌리내리는 일은 생기지 않을 것이다.

'자기 자신을 무시하면 남도 당신을 무시하고, 자신을 존중하면 남도 당신을 존중한다'라는 옛말이 있다. 우리는 끊임없이 자기 자신을 지키고 상처받지 않도록 노력해야 한다.

또한 다른 사람의 기분을 고려할 줄 아는 속 깊은 사람이야말로 당신이 '직접적'으로 가까이 지내야 할 사람임을 명심하자. 그의 말에 다칠까 봐 겁내지 않아도 되는, 즉 안정감을 주는 사람이야말로 당신의 친구가 될 자격이 있다.

최선을 다해도 안 되는 관계는
과감히 놓아라

어느 날, 얼마 전에 내 강의를 수료한 한 학생이 불쑥 문자 메시지로 소식을 전해왔다.

"선생님, 저는 이렇게 부모님과의 관계를 개선해보려고 애쓰는데 부모님은 저한테 괜한 강의를 듣느라 헛돈 썼다며 타박만 하세요. 그런 말을 듣고 있으면 너무 속상해요."

나는 휴대전화 너머 어린 친구가 얼마나 낙심했을지 느낄 수 있었다. 한참 고심한 끝에 담담히 답장을 보냈다.

"샤오란小嵐, 소통하는 법을 배우는 목적은 평소 잘 지내고 싶은 주변 사람을 내 맘대로 바꾸려는 게 아니야. 그보다는 너와 잘 지낼 수 있는 사람이 누구인지 좀 더 빨리 구별하기 위한 거지. 만약 상대의 말에 가시가 있다면 그걸 있는 그대로 받아들이지 말고, 자신의 감정을 더 존중하도록 해. 그게 너 자신과 소통하는 첫 걸음이야. 스스로 믿고 의지할 만한 사람이 되어야 다른 사람들의 인정도 받을 수 있단다."

나는 답장을 보낸 뒤 나 역시 그녀처럼 속상하고 화가 난다는 걸 깨달았다. 그 부모님이 내 강의를 인정해주지 않아서가 아니라 노력하다 좌절한 그녀의 마음이 안타까워서였다.

요 몇 해 심리 상담 강의를 개설한 뒤 나는 수많은 수강생을 만났다. 그들 중에는 샤오란처럼 가장 가까운 사람에게 받은 상처 때문에 힘들다고 고백한 사람이 많았다. 이들이 가장 칭찬받고 응원을 얻고 싶었던 사람은 이제 막 알게 된 동료나 고객이 아니라 부모님, 배우자, 자식 등 가장 가깝고 오래된 관계였다. 하지만 그들은 수강생들이 내미는 손길을 번번이 무시하곤 했다.

그 때문에 배우자와의 관계, 자식과의 관계, 업무상의 관계 등에서 개선을 꿈꾸며 내 강의에 등록하고 자신의 습관을 바꾸려고 노력했던 수강생들은 매우 답답함을 느꼈다. 어째서 가장 마음을 쓰는 사람일수록 달콤한 열매를 함께 맛볼 수 없는 걸까?

만약 당신도 같은 어려움을 겪고 있다면 나는 이런 조언을 해주고 싶다.

"그들에게 시간을 좀 더 주면 그들도 언젠가 당신의 노력을 알아줄 겁니다."

오래된 관계에서 가장 흔히 나타나는 결점은 '눈이 흐릿해진다는 것'이다. 그들은 기존의 시선으로만 상대를 대하며 자신도 모르는 사이에 늘 하던 대로 상대를 단정하고 꼬리표를 붙인다.

인간관계에 대한 배움은 우리가 더 나은 방법으로 자신을 표현하고 감정에 휘둘리지 않게 해주지만, 그렇다고 가까운 사람들의 시선까지 바꿀 수 있는 것은 아니다. 예를 들어 당신이 아무리 바뀌려고 노력해도 주변 사람들은 여전히 지난날의 시선으로 당신을 대할 확률이 높다. 이럴 때는 의견이 일치하지 않는 것도 당신의 탓이 된다. 상대는 여전히 예전처럼 자기 말을 잘 들어야만 좋은 배우자나 자랑스러운 자식, 능력 있는 동료라고 믿고 있기 때문이다.

당신은 상대의 이런 기대가 몹시 섭섭하게 느껴질 것이다. 더는 지난날 상처받곤 했던 소통을 반복하거나 갈등을 피하기 위해 겉으로만 화목한 척하고 싶지 않기 때문이다. 그저 평등하고 이성적인 상호작용을 바랄 뿐이다.

이 문제를 해결하는 유일한 방법은 상대의 인정을 갈구하는 대신 그저 자신의 성장에 집중하는 것이다. 오래된 관계를 내려놓고 앞으로 걸어가 어느 정도 거리가 생겼을 때, 상대는 오히려 당신을 자세히 볼 수 있게 된다.

우리는 눈이 흐릿한 주변 사람들에게 억지로 안경을 쓰라고 강요할 수 없다. 하지만 그들의 눈으로 자기 자신을 평가할 것인지 아닌지는 결정할 수 있다. 당신은 열심히 변화하기로 했지만, 주변에서는 불편했던 기억이나 경험을 반복적으로 언급하며 변화를 막으려 한다면 그들과의 관계를 마음에서 지워도 좋다. 상대에게 인정받고 싶다는 기대를 내려놓을 때 새로운 가능성으로 삶을 채울 수 있기 때문이다.

소통하는 법을 배우는 목적은 모든 사람과 잘 지내기 위해서가 아니라 서로의 발전에 도움이 되는 인간관계를 새롭게 정립하기 위해서다. 만약 당신이 인간관계를 새롭게 세우는 방법을 배운다면 실제 생활에서 진정으로 마음을 쏟아도 될 대상이 누구인지 서서히 구분할 수 있게 된다. 인간관계는 두 사람의 일로, 한쪽만 노력하고 다른 한쪽은 누리기만 할 수 없다. 더구나 변화를 원하고 행동으로 옮기려는 사람을 벌할 수는 없는 법이다. 관계가 좋아지지 않는 것은 결코 당신이 최선을 다하지 않았기 때문이 아니다. 스스로 할 만큼 했다고 느끼는데 당신을 바라보는 사람들의 시선을 바꿀 수 없다면 그냥 그대로 두는 것이 좋다.

변화를 통한 성장은 온전히 당신의 몫이다. 따라서 외부에서 인정해주든 인정해주지 않든 자신을 자랑스럽게 여겨도 된다. 당신은 기꺼이 변화를 원하고 실천한 사람이기 때문이다. 스스로 누군가의 시선이나 평가에 연연하지 않는 한 누구도 당신에게 낡은 시선의 올가미를 씌울 수 없다.

당신은 앞으로 더 다양한 인간관계를 맺게 될 것이다. 지난날 부정당하고 무시당했던 느낌을 잊지 않기를 바란다. 그래야 살면서 다른 사람들을 만나게 됐을 때 당신 또한 낡은 시선으로 상대를 얽매지 않을 수 있기 때문이다. 갓난아이와 같은 눈으로 마음을 열고 타인의 사소한 변화도 눈여겨보자. 이런 태도는 타인을 응원하는 것은 물론, 자신의 삶을 풍요롭게 하는 데도 도움이 된다.

드라마나 영화 속 말투를
따라 하면 안 되는 이유

'우리가 영화나 드라마를 좋아하는 이유는 그 줄거리에 자신을 이입하기 때문이다'라는 말이 있다. 우리는 영화나 연속극, 연극, 심지어 애니메이션까지 어떤 종류의 극이든 주인공에게 깊이 이입되어 함께 모험을 떠나거나 다른 인생을 경험하곤 한다.

하지만 아무리 사실적인 극이라도 실제 인생과 비교하면 매우 다르다. 이를테면 지하철을 타고 가는 상황이나 세수하는 모습, 장을 보는 일 등은 줄거리와 관련이 없는 한 대부분 생략된다. 몇 편짜리 미니시리즈나 2시간짜리 영화에서 사람의 일거수일투족을 모두 보여줄 수는 없지 않은가.

그렇다면 생략되지 않는 일상의 모습은 모두 실제에 가까울까?

우리는 정말 화면 속의 사람들처럼 살아가고, 이야기할까?

예전의 한 수강생은 내 강의를 듣는 목표가 어느 드라마 속 주인공처럼 군더더기 없이 한마디로 핵심을 찌르는 말투를 갖기 위해서라고 했다.

당시 나는 그의 말에 대놓고 반박하지 않았지만 속으로는 이런 목표를 수정할 필요가 있다고 생각했다. 그리고 훗날 시나리오 쓰는 법을 배우면서 그 수강생이 가진 목표가 정확히 어떤 점에서 문제인지 깨닫게 됐다.

지금 같으면 그 수강생에게 이렇게 말할 것이다.

"당신은 절대 영화나 드라마의 주인공처럼 말할 수 없습니다. 만약 당신이 영화나 드라마의 논리를 현실 인생에 적용한다면 당신의 인간관계에는 분명 문제가 생길 거예요."

예를 들어보자. 내게 시나리오를 가르쳐준 선생님은 극의 인물이 같은 말을 반복하거나 무의미한 말을 하면 안 된다고 강조하며 대사 한 마디 한 마디에 의미를 담아야 한다고 말했다. 관객의 주의력을 흐트러뜨리는 것은 작품을 망치는 가장 빠른 길이기 때문이다.

아마 당신은 좋은 극에서 다음과 같은 대화를 본 적이 없을 것이다(스토리텔링의 대가로 불리는 미국의 시나리오 작가이자 교수인 로버트 맥키Robert McKee가 집필한 『대사의 해부Dialogue: The Art of Verbal Action for Page, Stage, and Screen』 88페이지에서 발췌했다. 우리나라에서는

『DIALOGUE 시나리오 어떻게 쓸 것인가 2』라는 제목으로 2018년에 출간됐다-옮긴이).

❶

> A : 이제 당신이 갈 시간이 된 거 같은데.
>
> B : 나보고 지금 가라고 한 거야? 흥, 내 이야기 다 안 들어주면 난 안 갈 거야.
>
> A : 당신이 한 말은 모두 들었어. 하지만 단 한 마디도 이치에 맞는 게 없다고.
>
> B : 이치? 이치라고? 당신이 지금 나랑 이치 이야기를 하는 거야? 내가 한 말 중에 이치에 맞지 않는 게 뭔데? 말해봐.

이 대사를 읽고 어디에 문제가 있는지 눈치챘는가? 어쩌면 당신은 고개를 갸웃거릴 수도 있다. 이 대화는 전혀 막힘이 없지 않은가! 보통 사람들이 말다툼을 할 때 나누는 대화와 매우 흡사하다. 하지만 이것이 바로 핵심이다.

실제 생활에서 우리는 자신도 모르게 상대의 말꼬리를 따라 하는 경향이 있다. 상대가 한 말을 반복함으로써 자신이 들은 내용이 정확한지 확인하는 것이다. 심지어 나는 소통 수업을 할 때 일부러 시간을 할애해 이런 대화가 올바른 관계를 형성하는 데 얼마나 중요한지 강조하기도 한다.

하지만 극 속에서는 이런 식의 대화가 성립되지 않는다. 똑같은 상황에서 작품 속 인물들은 보통 다음과 같이 말한다.

❷

A : 이제 당신이 갈 시간이 됐는데.

B : 나는 원하는 걸 이루지 않고는 포기할 수 없어. 당신이 내 말에 따라줘야겠어.

A : 당신 말은 전혀 이치에 맞지 않아. 대체 무슨 근거로 당신의 말을 따르라는 거야?

B : 나는 이 집의 왕이니까. 내가 하는 말이 바로 진리라고.

어쩌면 당신은 조금 전보다 더 헷갈릴 수도 있다. 이 대화가 매끄럽긴 하지만, 앞선 대화와 무슨 차이가 있단 말인가? 어째서 실제 생활에서 이렇게 말하면 인간관계가 깨지게 될까?

그 이유는 ❷의 대사는 B라는 인물이 제멋대로인 데다 고집이 세며 상대적으로 많은 권력을 잡고 있다는 걸 관객이 단숨에 알아챌 수 있게 수정했기 때문이다. 하지만 ❶의 대사에서는 각 역할의 성격을 파악하거나 두 사람 중에 누구에게 더 힘이 실려 있는지 알기 어렵다. 그저 의미 없는 말들이 반복될 뿐이다.

사실 상대방의 말을 반복하는 것은 인간관계에서 완충 혹은 윤활 작용을 해 말 한 마디 한 마디가 너무 직접적이거나 날카로워지지 않게 하는 효과가 있다. 그에 비해 극은 어떻게 해야 최대의 '충돌'을 만들어내느냐가 핵심이다. 따라서 대본은 가장 짧은 시간 안에 감정을 압축해서 관객이 가장 큰 충격을 받을 수 있게 해야 한다. 그러므로 ❷의 대화를 자세히 분석해보면 상대가 했던 말을 반복하는 경우가 거의 없음을 알 수 있다. 쌍방 간의 '소통'이라기보다는 일방적인 '통보'에 가깝다.

더 자세히 알고 싶다면 아무 영화 대본이나 펼쳐 등장인물들이 나누는 대화를 확인해봐도 좋다. 딱 2분만 봐도 내 말이 거짓이 아님을 알 수 있을 것이다. 상대의 말을 반복하거나 확인하지 않는 것은 주인공이 매력 없는 사람처럼 보이지 않게 하기 위해서 이기도 하다.

사실 보통 사람들은 누군가를 만나면 "밥 먹었어?", "어떻게 왔어?" 같은 기본적인 인사말을 나누게 마련이다. 하지만 대본 속에서는 이 역시 금기 사항이다. 경험이 많은 작가는 결코 이런 밋밋한 대사를 쓰지 않는다. 그런데 이런 사실을 아는 것이 우리의 삶과 무슨 관련이 있을까?

사람은 모방의 동물이기 때문에 매일 수많은 정보를 받아들이고 자신도 모르는 사이에 그것을 자기 것으로 만든다. 이 습관이 굳어지면 나중에는 자신의 방식이 옳은지 그른지, 심지어 어떤 방식을 사용하는지조차 의식하기 어려워진다. 자신의 머릿속 자료를 근거로 '이상적인 소통이란 ~해야 한다'라고 생각하며 이 방법을 고수하려 하기도 한다.

한 내담자는 뛰어난 능력을 갖추고 있는데도 직장 생활에 적응하지 못했다. 그는 말할 때 직설적인 표현을 썼는데, 사람들이 자신의 말투를 싫어한다는 걸 알면서도 바꾸려고 하지 않았다. 그와 이야기를 나눠본 사람들은 대부분 불쾌한 기색을 감추지 못했다.

나는 그에게 어째서 그렇게 직설적으로 이야기하느냐고 물었다. 그러자 그는 영화와 드라마의 유명한 장면을 예로 들면서 입에 침까지 튀겨가며 주인공의 단호한 말투에 대한 칭찬을 늘어놓았다. 나는 속으로 이렇게 외쳤다.

'아이고, 이 친구야! 텔레비전을 너무 많이 보셨네. 제발 정신 좀 차려!'

그때 나는 미디어가 개인에게 미치는 영향이 매우 심각하다는 사실을 인식하게 됐다. 그 내담자 이외에도 성별의 고정 관념 문제뿐만 아니라 역할에 대한 동일시까지 말과 행동에서 미디어의 영향을 크게 받은 사람을 많이 접했다. 특히 요즘 젊은 세대는 실질적인 소통이 적어지고 대부분의 활동이 인터넷에서 이루어지기 때문에 환상과 현실의 차이를 인식하는 데 어려움이 커지고 있다.

하지만 그렇다고 해서 인생과 드라마의 차이를 모두 대본 탓으로 돌릴 수는 없다. 중요한 것은 우리가 '대본'과 '현실'을 구분할 수 있는가 하는 문제다.

우리는 이제 극의 대화 방식이 실제 사람과 사람 사이의 소통과는 차이가 있음을 알게 됐다. 그렇다면 드라마와 현실은 어떤 차이가 있을까? 어째서 똑같은 말을 주인공이 하면 근사하고 똑똑해 보이는데 우리가 하면 바보 같고 제멋대로처럼 보일까? 주인공과 우리의 외모 차이 때문일까?

이는 외모와는 아무런 상관이 없다. 아무리 아름답고 멋진 배우라 해도 분장을 지우고 무대를 내려와 현실의 관계 속으로 들어오면 드라마 대본처럼 행동하고 말할 수 없다. 만약 그가 드라마에서나 나올 법한 대사를 실제로 내뱉는다면 허세 가득한 스타병에 걸렸다고 사람들의 손가락질을 받을 것이다.

각본을 쓸 때 가장 중요한 것은 사람들에게 '부러움'이나 '동일시'를 느끼게 해 초점이 항상 주인공에게 맞춰지게 하는 것이다. 그래야만 사람들이 주인공에게 감정을 이입해 극을 즐길 수 있기 때문이다.

하지만 소통은 이와 다르다. 소통의 가장 중요한 목적은 바로 '연결'에 있다. 즉, 대화를 통해 서로 의견이 달랐던 사람들이 교류를 시작하고 상대를 신경 쓰게 하는 것이다. 그러므로 현실 세계에서 사람의 주의력은 균등하게 분배될 필요가 있다. 물론 50대 50으로 똑같이 만들 수는 없지만 한 사람 쪽으로 지나치게 기울면 안 된다.

다시 말해 당신이 누군가와 대화할 때 주도권을 장악하려고 한다든지 상대가 완전히 당신에게 초점을 맞춰주길 바라면 안 된다는 얘기다. 그러면 상대는 이 대화에 자신이 설 자리가 없다고 느끼고 대화를 멈춰버린다. 이럴 경우 소통은 실패로 끝날 수밖에 없다.

그렇다면 작가들은 대체 어떤 방법으로 우리를 자연스럽게 드라마 속으로 끌어들여 주인공을 부러워하거나 좋아하게 만드는 걸까?

일단 극 속의 주인공은 절대로 질문을 하지 않아야 한다. 주인공은 사람들이 보기에 똑똑하며 의지가 충만하고 언제나 현재 상황을 가장 잘 이해하는 사람이어야 하기 때문이다. 간혹 뭔가를 묻는다고 해도 주인공이 우위인 상황에서 자신보다 아래의 조연에게 질문을 던지는 구조여야 한다. 또 질문하는 목적은 주인공 자신이 옳다는 것을 증명하기 위해서지 상대가 정말 어떤 생각을 하는지 알고 싶어서가 아니다.

아마 당신은 텔레비전 화면에서 다음과 같은 대화를 거의 본 적이 없을 것이다.

❸

주인공 : 오늘 왜 파티에 안 왔어?

조　연 : 셜리나와 마주치고 싶지 않아서. 지난주에 걔랑 싸웠거든.

주인공 : 어머! 둘이 다퉜구나. 무슨 기분 나쁜 일이라도 있었어?

조　연 : 기분 나쁜 일뿐이겠어? 나 완전 뚜껑이 열릴 뻔했다니까. 너 걔가 일부러 내 남자 친구 유혹한 거 알아? 알고 보니까 처음부터 설리나가 의도적으로 나한테 접근한 거였더라고.

주인공 : 세상에, 좀 더 자세히 말해봐. 설리나가 도대체 어떻게 했기에 그래? 네 남자 친구는 뭐라고 하든?

위의 대화를 보면 주인공은 아무것도 모르는 사람처럼 보여 그다지 매력이 느껴지지 않는다. 따라서 경험이 많은 작가라면 다음과 같이 대사를 수정할 것이다.

❹

주인공 : 너 오늘 파티에 안 온 거 설리나 때문이지?

조　연 : 맞아, 지난주에 걔랑 싸웠거든.

주인공 : 설리나가 네 남자 친구에게 작업을 걸었지?

조　연 : 겉으로는 얌전한 척하더니! 그 계집애 일부러 사람들 많은 데서 내 남자 친구와 시시덕거린 게 분명해. 그러니까 네 귀에까지 소문이 퍼졌지.

주인공 : 내가 그런 소문이나 들을 사람이니? 난 첫눈에 설리나한테 다른 마음이 있다는 걸 딱 알아봤어. 내가 그렇게 조심

해야 한다고 했는데 네가 믿지 않고 친구로 삼은 거잖아.
이제 내 말이 옳다는 게 증명됐지?

두 대화의 차이가 느껴지는가? ❹의 대화가 좀 더 긴장감이 크고 리듬이 빨라진 것처럼 느껴질 것이다. 또한 주인공은 현재 상황에 대한 장악력도 커서 역할이 수동적이지 않으며 모르는 게 없는 위치에 있다.

하지만 현실 세계의 소통이라면 이런 표현 방식은 선입견이나 편견이 드러나므로 크게 문제가 된다. 이를테면 ❹의 대화에서 주인공은 조연의 기분이 좋지 않은 것이 친구와 싸웠기 때문이며 원인은 남자 친구 문제 때문이라고 앞서서 판단했다. 드라마에서는 오직 주인공만이 이런 선견지명을 가질 수 있으며 사건의 단서를 찾아낼 줄 안다.

이런 설정이 가능한 이유는 인물들 사이에서 앞으로 어떤 일이 벌어질지 작가가 알고 있기 때문이다. 아마 이 극의 작가는 조연을 주인공을 따르고 협조하는 캐릭터로 설정해 주인공의 특별함을 더 돋보이게 할 것이다.

하지만 실제 생활에서 누군가가 드라마의 주인공처럼 말한다면 듣는 사람은 화가 머리끝까지 날 수도 있다. 특히 엄마와 자녀 사이에서 이런 대화가 자주 오가지 않던가.

엄마 : 너 성적 또 떨어졌더라. 동아리 활동에 시간을 너무 많이 쓰니까 공부할 시간이 없는 거잖아.

아들 : 함부로 추측하지 말아요. 이번 시험은 어려워서 다른 애들도 점수가 안 좋았단 말이에요.

엄마 : 그렇다면 옆집에 ○○이는 어떻게 90점 넘게 받았을까? 분명 너한테 문제가 있는 거야. 네가 내 아들인데 내가 그걸 모르겠니?

아마 당신이 어머니한테 이런 말을 들었다면 몇 마디 더 할 것도 없이 자리를 떠나고 싶어질 것이다. 어머니가 당신의 상황에 대해 전혀 알고 싶어 하지 않으며 이미 그녀의 마음속에 선입견이 있다고 느낄 것이기 때문이다. 당신은 어머니가 당신과 전혀 소통하고 싶어 하지 않는다고 생각하게 될 것이다.

좋은 소통은 '호기심'과 '미지 未知'의 상태에서 질문을 던지는 것이다. 하지만 이런 대화는 드라마나 영화 속에서는 거의 보기 어렵다. 극적인 효과를 줄 수 없기 때문이다.

모든 사람의 배움은 모방에서 시작된다. 처음에는 가정에서, 나중에는 동료나 상사에게 많은 것을 배우게 된다. 그런데 요즘 사회는 인터넷 등 미디어가 차지하는 비중이 매우 크다. 미디어를 통해 정보를 얻는 과정에서 드라마와 실제의 차이를 의식하지 못하면, 자칫 화면 속의 사람을 배움의 대상으로 삼아 그의 영향을 받기 쉽다.

현실 생활에서 누군가가 우리의 말을 듣고 드라마처럼 극적인 감정을 드러내거나 지나치게 화를 낸다면 우리는 상대가 사소한 문제를 크게 만드는 이상한 사람이라고 생각할 것이다. 또한 드라마나 영화에서 쓰이는 표현 방식은 듣는 사람을 불쾌하게 만들기 마련이다. 이제 당신은 드라마나 영화 속 주인공의 표현 방식이 당신에게는 역효과가 날 수 있음을 확실히 알게 되었을 것이다. 본래 사람과 사람의 소통은 드라마처럼 매끄럽고 완벽할 수 없다. 하지만 오히려 그런 투박한 소통 과정을 통해 신뢰감이 형성된다. 당신이 만약 드라마처럼 효율적이고 시간을 끌지 않는 소통만을 바란다면 당신이 맺은 모든 관계는 비극으로 끝나게 될 것이다.

서로에게 보탬이 되는 인간관계를 맺으려면 정교하고 간결한 말보다 거칠고 서툴게 보여도 감정에 충실한 진짜 대화가 필요하다. 완벽한 관계를 만들려고만 하면 겉보기에는 좋아 보일지 몰라도 상대와의 사이에 아무런 추억도 남길 수 없다는 것을 기억하자.

Chapter 4

　　　　　　　어느 날 지하철을 타고 있는데 옆에
앉은 젊은 여자가 살짝 애교 섞인 목소리로 누군가와 통화하고
있었다.

"자기 변했어. 예전과 달라도 너무 다르잖아!"

상대가 뭐라고 했는지 모르지만 여자는 갑자기 조금 화난 목소
리로 말했다.

"자기가 좀 일찍 일어나서 나 출근시켜준 다음에 일하러 가면
되잖아! 옛날에는 나 출근하고 퇴근할 때 다 데려다줬는데 왜 지
금은 못 해? 사랑이 식은 거 아냐?"

휴대전화 너머에서는 다급하게 해명하는 남자의 목소리가 들
려왔다. 아마도 여자의 마지막 한마디가 남자의 아픈 데를 찌른

모양이었다.

　'상대가 나의 기대를 채워주지 않으면 정말 나를 사랑하지 않는 걸까?'라는 거대한 명제는 마치 그림자처럼 평생 우리를 따라다닌다. 어린 시절 채소를 좋아하지 않는 어린이였다면 부모님께 이런 말을 들어봤을 것이다.

　"채소 안 먹으면 건강이 나빠지고, 건강이 나빠지면 병에 걸리잖아. 병에 걸리면 엄마, 아빠가 걱정하게 되지. 채소를 먹지 않는다는 건 네가 엄마, 아빠를 사랑하지 않는다는 뜻이야."

　조금 더 자라 학교에 입학해 공부를 열심히 하지 않으면 주변 사람들이 말한다.

　"성적이 나쁘면 좋은 직업을 가질 수 없잖아. 부모님이 널 평생 먹여 살려야 하니? 그게 효도야?"

　나이를 많이 먹고도 결혼하지 않거나 아이를 낳지 않겠다고 하면 어른들이 입을 모아 말한다.

　"애를 안 낳으면 나라가 망하는 수밖에 없지. 요즘 애들은 참 이기적이야. 자기 생각만 하고 사회에 대한 책임감이 없다니까."

　주변 사람들의 이런저런 기대와 마주하게 될 때마다 우리는 '다른 사람을 만족시키는 것'과 '나를 지키는 것' 사이에서 숨을 쉴 여유를 찾기 위해 발버둥 친다. 이처럼 어느새 '순종'은 '관심과 애정'의 대명사가 되어가고 있다. 예를 들어, 상대방이 나를 신경 쓴다는 걸 내가 알기 위해서는 상대방이 반드시 내 말을 따라야 한다는 것이다. 또 만약 상대가 기꺼이 나를 따른다면 어쩌면 그도 이렇게 하고 싶어서였을 거라고 생각한다.

휴대전화 너머의 남자도 처음에는 여자 친구가 자신에게 기대는 것을 포용하며 고생스럽지만 그녀의 출퇴근을 도왔을 것이다. 하지만 이런 선의가 남용되다 보니 여자 친구는 남자 친구가 아무리 바빠도 자신을 데려다주는 것이 당연하다고 여기게 되었다. 포용이 왜곡되어 의무가 된 것이다. 어떻게 보면 '당연하다'는 정말 모호하고 무서운 단어라고 할 수 있다.

물론 누구나 자신만의 생각으로 상대의 속마음을 짐작하고 나중에서야 상대의 사정이 자신의 생각과는 완전히 달랐음을 알게 될 때가 있다. 그럴 때 우리는 왜 진즉에 말하지 않았느냐며 상대를 탓한다. 그런데 상대는 정말 자기 뜻을 한 번도 표현한 적이 없을까? 그저 상대의 협조를 너무 당연히 여기는 나쁜 습관이 우리 몸에 밴 것은 아닐까?

이런 생각을 하던 중 옆에 있던 여자가 갑자기 눈물을 흘리며 자리에서 일어나 내릴 준비를 했다. 나는 어렴풋이 그녀의 마지막 말을 들을 수 있었다.

"나는 자기가 예전에 날 쫓아다니던 남자들하고는 다른 줄 알았어. 그런데 이제 보니까 자기도 싫증을 잘 내는 남자였던 거야. 나에 대한 자기의 사랑은 무조건적인 사랑이 아니었던 거라고."

나는 안타까웠다. 할 수만 있다면 그녀에게 '사랑은 본래 당신이 생각하는 그런 것이 아니다'라고 말해주고 싶었다. 아무 조건 없는 사랑은 애초에 불가능할뿐더러, 조건이 없는 사랑을 하고 싶다면 더더욱 상대에게 무언가를 요구해서는 안 된다. 당신이 입을 열어 무언가를 요구하는 순간 이미 두 사람의 관계가 조건으로 가로막히기 때문이다.

누군가가 당신을 무조건 따르고 포용하기만을 바라는가? 그렇게 할 수 있는 사람은 자기 자신밖에 없다. 자기 자신과 연애하고 싶은 거라면 거울 하나만 장만하면 된다. 그러면 어디든 로맨틱한 데이트 장소가 될 테니까 말이다.

다른 누군가의 따뜻함을 느끼고 싶다면 먼저 팔을 활짝 펼치고 가슴을 열어 상대가 다가올 수 있게 해야 한다. 균형을 잃은 소통은 부실 공사로 지어진 댐과 같아서 작은 틈만 있어도 붕괴할 수 있다. 그러니 마음을 열어 상대가 진정한 당신을 볼 수 있게 해야 한다. 이때 상대를 꽉 붙들고만 있으면 안 된다. 사랑은 서로 숨을 쉴 수 있는 여유가 있어야 비로소 온전해진다는 것을 잊지 않기를 바란다.

사랑한다면
시간과 공간을 내주어라

언젠가 젊은 커플이 분을 이기지 못한 채 거칠게 씩씩거리며 나를 찾아온 적이 있다. 그들은 서로를 등지고 말 한마디 섞지 않았지만 곁눈질로 상대의 표정을 몰래 훔쳐보고 있었다. 나는 마른기침을 하며 두 사람 사이의 눈에 보이지 않는 힘겨루기를 멈춰보려 했다.

"무슨 일이 있었는지, 어느 분이 말씀해주실 건가요?"

"선생님, 이 남자가 얼마나 못됐는지 아세요? 제 친구 앞에서 소리를 지르면서 제가 친구와 놀러 가지 못하게 했다니까요."

"진짜 잘못한 건 이 여자죠! 제가 싫어하는 걸 알면서도 저를 속이고 친구와 춤을 추러 갔더라고요. 이건 다른 꿍꿍이가 있는 거 아닙니까?"

"멋대로 생각하지 마! 애초에 자기가 허락했다면 내가 거짓말을 했겠어?"

두 사람이 주거니 받거니 싸움의 주도권을 쥐려고 다투고 있을 때 나는 이 싸움이 도대체 어떻게 일어나게 된 건지 객관적으로 이해하려고 노력했다. 남자 입장에서 보면, 이 문제의 해결법은 아주 간단했다. 여자 친구가 자신이 싫어하는 일을 하지 않으면 된다. 여자 입장에서 봐도 이 문제를 해결하는 방법은 그리 어렵지 않았다. 남자 친구가 트집을 잡으며 자신을 의심하는 대신 자유와 숨 쉴 여유를 주면 될 일이었다.

이처럼 두 사람의 바람을 각각 나눠서 보면 문제를 아주 간단히 해결할 수 있다. 여자가 온종일 남자 곁에 붙어 있는다면 남자는 불안한 마음을 잠재울 수 있을 것이고, 반대로 남자가 여자의 행복이 무엇인지 알아주고 믿어준다면 그녀 역시 자유로울 수 있을 것이다.

하지만 안타깝게도 정반대의 두 바람은 대립각을 세우고 있었다. 통제와 자유, 두 사람 중 누구도 양보할 마음이 없어 보였다. 나는 머릿속으로 이런저런 생각을 하며 첫마디를 뭐라고 건네야 두 사람 중 한쪽으로 치우치지 않는 것처럼 보일까 고민했다.

사람이 사랑 때문에 힘들어질 때는 물리적인 이유로 두 사람이 함께할 수 없을 때가 아니다. 바로 상대가 나의 사소한 일 하나하나에 관심을 가지고 있는지 그렇지 않은지 반복적으로 사랑을 확인하려 할 때다. 이런 상황이 지속되면 상대가 무심결에 보이는 눈빛이나 행동 하나하나에 확대 해석을 하고 상대가 어디에 마음을 두고 있는지 찾으려 애쓰며 불안을 싹틔우게 된다.

"사실 여자분이 춤을 추고 안 추고는 중요한 게 아니죠. 두 분이 바라는 건 상대가 자신의 마음을 알아주고 신경 써주는 거 아닌가요? 그래야 상대의 마음에 자기가 있다는 걸 느낄 수 있으니까요."

한창 설전을 벌이던 두 사람은 갑자기 조용해졌다. 나는 이어서 말했다.

"두 분이 서로 사랑하기로 결정한 순간 여러분은 두 개의 공간에 살게 된 거랍니다. 하나는 '나', 다른 하나는 '우리'라는 공간이죠. 두 분은 이 두 개의 공간을 함께 가꾸면서 연인 간에 발생할 수 있는 갖가지 혼란을 포용하도록 노력해야 합니다."

만약 '우리'만 있고 '나'가 없다면 사랑은 존재할 수 없다. 반대로 오직 '나'만 있고 '우리'를 잊으면 사랑을 유지할 수 없다. '나'와 '우리'가 함께할 때 사랑은 온전해진다.

생 텍쥐페리의 『어린 왕자』 속 한 구절을 보면, 여우가 어린 왕자에게 이렇게 말한다.

"네 장미꽃이 소중한 이유는 네가 그 장미에 쏟은 시간들 때문이야."

당신이 누군가를 정말 사랑한다면 온전히 상대에게 쏟는 시간과 공간을 남겨두어야 한다.

나는 남자에게 상대를 위한 공간을 남겨주는 법을, 여자에게는 상대를 위해 시간을 내어주는 연습을 해보라고 격려했다. 그들이 서로에게 자연스럽게 이 두 선물을 내어줄 수 있을 때 함께 진정한 사랑을 만들어갈 수 있을 것이다.

마음이 자유로워지면 '나'와 '우리' 모두 더 행복해질 수 있다.

감정 소모 없는
연애를 위해 해야 할 일

어느 날 한가롭게 인터넷을 서핑하다 누군가가 털어놓은 고민을 읽게 됐다. 그에게는 오래된 연인이 있는데, 최근 들어 상대에 대한 감정이 식어 질리는 기분까지 든다며 헤어지는 게 좋을지 고민이라고 했다.

얼마 지나지 않아 친절한 네티즌 여럿이 댓글을 달아주기 시작했다. 어떤 사람은 이미 감정이 식었다면 좋게 헤어질 수 있을 때 헤어지라고 조언했다. 또 어떤 사람은 사랑이란 원래 그런 거라며 평생 가슴 두근거리면서 사는 방법은 없다고 말했다.

사실 사귀는 기간이 길어질수록 외로움과 불만이 그림자처럼 따라붙는다는 것은 부인할 수 없다. 연애를 시작할 때처럼 마냥 불타오를 수 없는 것은 사실이다. 그런데 연인과의 관계가 순조롭지 못할 때 문제의 초점을 상대에게 맞추는 이들이 많다.

우리는 상대방이 처음에는 좋은 연인이었다가 점차 좋은 친구, 심지어 좋은 보호자, 좋은 코치가 되길 바란다. 기분이 우울할 때는 사랑하는 사람이 정성 어린 위로를 해줘야 하며, 어려움에 처했을 때는 두발 벗고 나서야 한다고 생각한다. 또한 물건이 고장 나면 수리해줘야 하며 배가 고프면 음식을 만들어주길 바란다. 그뿐만 아니라 자신의 모든 취미를 이해해주고 자신이 사랑받고 있다고 느끼게 해주길 원한다. 이처럼 우리는 자신도 모르는 사이에 수많은 내적 욕망을 상대에게 투사해 그가 엄청난 능력으로 내 인생의 매 시기에 필요한 것들을 알아서 채워주길 바란다. 마치 '일체형 All in one' 기계처럼 말이다.

일체형 기계는 사용자에게 큰 도움을 준다. 사용하기에 번거롭지 않을뿐더러 시간도 절약할 수 있다. 하지만 설계가 복잡할수록 고장 날 확률도 높아진다. 그리고 무엇보다 당신의 연인은 기계가 아니다. 모든 바람을 상대방에게 요구하는 시간이 길어지면 어떤 일이 생길까?

우리는 사무기기도 기능이 하나 망가지면 참고 사용하면서 연인에게는 어떤 한 마디가 기대에 어긋나기만 해도 화를 낸다. 상대가 채워주는 다른 것들은 생각하지 못한 채 말이다.

당신이 경주용 자동차를 샀다고 해보자. 당신은 최고 속도로 달릴 수 있다는 점과 경주용 차 특유의 조종 기능에 반해 그 자동차를 샀을 것이다. 그래서 차가 조금 시끄럽고 앉기에 불편해도 어쩔 수 없다고 생각한다. 경주용 자동차를 몰면서 고급 승용차 같은 조용함과 편안함을 기대할 수는 없으니까.

하지만 우리는 연인과 친밀한 관계가 되면 자신이 처음에 상대를 좋아했던 이유를 잊어버리곤 한다. 분명 처음에는 상대의 점잖고 따뜻한 성격을 좋아했으면서 익숙해지고 나면 상대가 박력이 없어 매력이 없다고 느낀다.

연인과의 관계에 위기가 생겼다면, 상대와 당신 중 도대체 누가 문제인지 생각해보자. 만약 그럼에도 당신이 상대에게만 문제가 있고, 이 세상에 당신의 별별 기대를 만족시켜줄 누군가가 있을 것이라고 고집한다면 도라에몽이 가장 좋은 선택이라고 이야기해주고 싶다. 다만 당신의 책상 서랍이 미래로 통한다는 전제 아래 말이다.

연인과의 관계에서 '사랑'을 느낄 수 없다고 생각한다면 이는 두 사람 사이에 사랑이 없다는 것이 아니라 '만족스러운 행복'을 찾지 못했다는 뜻일지도 모른다. 혹은 그저 좋지 않은 상황 탓일 수도 있다. 본래 사람은 힘들 때 누군가의 무조건적인 지지와 이해를 바라게 마련이다. 이때 가장 친밀한 관계에 있는 사람이 만족시켜주지 않으면 관계에 실망하고 둘 사이의 감정이 예전만 못하다고 느끼게 된다. 하지만 상대는 원래의 모습 그대로이며, 자신이 그에게 바라는 것이 달라졌을 뿐이다.

행복은 자신의 책임이란 사실을 잊으면 안 된다. 당신이 누군 가에게서 만족을 얻는 것이 습관이 되면 이는 자기감정의 권력을 남에게 넘겨주는 일과 마찬가지다. 이럴 경우 상대의 반응에 따라 당신의 기분이 결정된다. 이런 삶을 살면 진정으로 행복해질 수 없다.

이 세상에 누가 누구를 하염없이 만족시켜줄 수 있는 관계는 없다. 연인과의 관계에 사랑이 없다고 의심하기 전에 당신 자신에게 먼저 솔직하게 묻고 답해보자. 당신은 자신의 행복을 위해 어떤 노력을 했는가? 당신은 스스로 빛나는 인생을 살고 있는가? 아니면 그저 다른 누군가가 당신을 현재 상황에서 구해주기만을 기대하고 있는가?

내가 존경하는 심리 상담사 황스쥔黃士鈞(타이완의 유명한 심리 상담학 박사로 『새로운 나로 다시 태어나고 싶은데』의 저자다 -옮긴이)은 이런 말을 한 적이 있다.

"연인과의 관계에서 자신의 능력이 강해질수록 상대는 자유로워진다. 그가 당신의 행복을 책임질 필요가 없기 때문이다."

연인에게 화를 내거나 관계를 포기하기에 앞서 '나는 나의 행복을 책임지고 있는가?'라고 자신에게 물어보기 바란다. 스스로 단단해지고자 노력해야 더욱 행복한 삶을 살 수 있다.

아무에게나 고민을
털어놓지 마라

어느 날 내 친구 아위안阿遠이 통화를 마치며 의미심장하게 말했다.

"생각만 해도 서글프네! 내 메신저 대화방이 100개가 넘고 친구 목록에 1000명 가까이 저장돼 있는데, 직장에서 있었던 속상한 일을 털어놓을 사람이 한 사람도 없다니."

나는 친구의 말에 뭐라고 대꾸하지 않았다. 나도 똑같은 기분을 느낄 때가 많았기 때문이다. 아위안이 나를 대화 상대로 선택한 이유도 내가 그에게 뭔가 좋은 아이디어를 줄 수 있어서가 아니다. 오히려 내가 그와는 전혀 다른 생활을 하고 그의 직종에 대해 알지 못하기에 안심하고 속내를 털어놓기로 마음먹었을 것이다.

아위안이 직장에서 겪은 일은 직장인이라면 누구나 한 번쯤 경험해봤을 매우 평범한 내용이지만, 그는 동료들이나 같은 업계 사람들에게는 이야기하지 않기로 했다. 무심코 내뱉은 감정 섞인 말이 그들에게 어떤 의미로 읽힐지 확신할 수 없었기 때문이다. 그렇다고 고객을 찾아가 하소연할 수도 없는 노릇이었다. 그는 자신의 고민을 아내와도 나누고 싶지 않다고 했다. 그러다 아내에게 회사에서 쫓겨나는 것은 아니냐며 추궁당할 것 같기 때문이라고 했다. SNS로 관계를 맺은 친구들은 더더군다나 그의 아픔을 이해할 리 없었다.

여러 해 직장을 다니며 산전수전 다 겪은 아위안은 말과 행동을 조심하는 것이 회사 내에서 자신을 지키는 최고의 방법임을 잘 알고 있었다. 그 때문에 어떤 말들은 일부러 다른 사람들과 나누지 않았다. 서로 관계가 나빠서가 아니라 오히려 너무 친하고 소통이 빈번하기 때문이다. 말한 사람은 별 뜻이 없는데 상대는 고깝게 들을지도 모를 일이었다. 게다가 그동안 그에게 깊은 상처를 준 사람들은 대개 그가 가장 신뢰하던 동료들이었다. 가깝기에 그의 약점이 무엇인지를 더욱 잘 알았던 것이다.

아위안과 통화를 마치고 난 뒤 갑자기 내 머릿속에 어디선가 들었던 이야기 하나가 떠올랐다.

법회가 끝나고 참배객들이 각자 방으로 들어가 잠자리에 들자 연로한 비구니가 새로 들어온 젊은 비구니에게 당부했다.

"돌아갈 때 주방 문 잠그는 걸 잊지 마시게."

젊은 비구니는 고개를 갸웃거리며 물었다.

"스님, 저희 절에 참배하러 온 사람들은 하나같이 경건하고 선행을 베푸시는 분들인데 어째서 그분들을 도둑으로 여기시는 것입니까?"

"만약 누군가가 한밤중에 배가 고파 나와 보니 주방에 음식이 있다고 생각해보게. 그가 음식을 먹는다면 그는 좀도둑이 될 것이고, 먹지 않는다면 눈앞에 음식을 두고도 먹지 못하니 얼마나 괴롭겠나? 자네 역시 그가 괴로워하는 모습을 보면 주방 문을 잠그지 않은 것을 후회할 걸세. 자네가 정말 누군가를 배려하려면 그를 시험에 들게 해서는 안 된다네."

처음 이 이야기를 들었을 때 나는 철없는 젊은이였기에 상대가 분명 잘못했는데 어째서 문을 잠그지 않은 사람을 탓하는지 이해할 수 없었다. 하지만 오랜 시간이 지난 뒤 진정한 의미를 알게 되었다. 바로 우리가 무심코 한 일이 자기 자신 그리고 다른 사람에게 상처를 줄 수도 있다는 사실이다.

아위안은 그동안의 경험을 통해 일부러 하는 말이든 무심코 하는 말이든 그 말에 잠재된 영향을 고려해야 한다는 사실을 깨달았다. 누구에게 무엇을 어떻게 말할지 모두 미리 계산해두는, 일종의 수양을 하는 셈이다. 아위안이 너무 피곤하게 산다고 생각하는가? 나는 이 사실을 받아들이지 않는다면 삶이 더 고단해지리라고 생각한다.

당신이 좋은 사람임에도 속내를 털어놓을 소울메이트를 만나지 못했다면, 이는 자책할 일이 아니다. 소통은 두 사람의 일로, 혼자서만 좋은 사람이라고 해서 올바르게 이뤄지는 것이 아니기 때문이다. 상대의 성격이나 성품이 당신과 일치해야만 소통이 된다. 또한 더 깊은 신뢰를 쌓기 위해서는 상대를 배려하는 성숙함과 서로를 이해하는 감각, 적당한 타이밍이 따라줘야 한다.

만약 당신 곁에 크고 작은 고민이나 공적인 일이든 사적인 일이든 다 털어놓아도 흔쾌히 들어줄 친구가 있다면, 당신은 엄청난 행운아다. 메신저 프로그램과 친구 사귀기 앱이 텔레비전 채널보다 많은 시대지만, 여전히 마음을 터놓을 친구를 만난다는 것은 복권에 당첨되는 일만큼 어렵기 때문이다. 그 친구의 얼굴을 떠올려보고, 그런 인연을 만날 수 있었음에 감사하자. 그리고 당신도 누군가에게 그런 존재가 되어줄 수 있도록 노력해보자.

이별은 당신을
성장하게 한다

텔레비전 앞에 앉아 드라마 다음 회차를 기다리며 설레는 기분을 느껴본 게 못해도 6년은 된 것 같다. 그동안은 드라마를 보더라도 방송이 다 끝난 뒤에 한꺼번에 몰아보거나, 보다가 그만둘 때가 많았다.

하지만 이번에 보게 된 7부작 「꽃 같은 내 인생花甲男孩轉大人」(넷플릭스에서 「꽃 같은 내 인생」으로 방송 중인 타이완 가족 드라마. 원제는 「화지아 어른이 되다」이다 - 옮긴이)은 보통 드라마와 달리 내 시선을 단번에 사로잡았다. 이 드라마는 주인공인 젊은 청년 화지아花甲와 할머니의 작별 이야기인데, 현실감 있는 배우들의 연기는 누구나 가지고 있는 옛 추억을 떠올리게 했다.

드라마 속 할머니는 죽음을 앞두고 전국 각지에 흩어져 살고 있는 가족들을 고향으로 돌아오게 한다. 그런데 어찌 된 일인지 할머니는 의사의 사망 선고를 받은 뒤 다시 숨을 쉬기 시작한다. 한 자리에 모인 가족들은 자신들이 저지른 어리석은 짓 때문에 할머니가 마음을 놓지 못하는 것이라 생각하며 지난날을 되돌아본다.

하지만 드라마 속 할머니는 결국 죽음을 맞고 만다. 할머니는 평생 자식과 손주들에게 사랑을 베풀었는데 마지막 가는 길에도 가장 자애로운 방식으로 그들의 곁을 떠난다.

죽음이란 가장 비참한 결말처럼 보이지만 가장 완벽한 시작이기도 하다. 실존주의 측면에서 볼 때 죽음이 없다면 우리는 의미 있는 삶이 무엇인지 제대로 알 수 없다. 오직 죽음만이 누군가를 진정한 '어른'이 되게 한다. 죽음은 소멸이 아니라 다음 단계로의 거듭남이자, 남겨진 사람들이 독립하는 계기다.

나는 드라마를 보며 지난날의 추억에 빠져들었다. 이 드라마가 이토록 많은 사람의 사랑을 받는 이유는 나는 물론 모두의 마음 깊은 곳에 자리한 아픔을 이야기했기 때문인지도 모른다.

우리 할머니는 글자를 몰랐다. 그녀는 책에 빽빽하게 적힌 글이 어떻게 인생을 아름답게 만들어주는지는 알지 못했지만, 글을 읽을 줄 아는 눈에 글을 쓸 줄 아는 손만 있으면 자신처럼 고생하지 않고 비교적 행복한 삶을 살 수 있으리라고 믿었다. 그래서일까. 할머니는 어린 내 손을 잡고 이웃 사람들에게 자랑스럽게 이야기하시곤 했다.

"우리 손녀딸은 나중에 초록색 교복(타이완의 명문 여고인 타이베이시립제일여자고등학교臺北特別市立第一女子高等學校에서 초록색 교복을 입는 것으로 유명하다 -옮긴이)을 입을 거야."

내가 100점 맞은 시험지를 들고 학교에서 돌아오면 할머니는 나를 한쪽으로 데리고 가 속옷 춤에 있는 주머니에서 지폐를 꺼내 몰래 손에 쥐여주며 머리를 쓰다듬어주셨다. 정작 당신은 실밥이 튀어나오고 색깔이 누렇게 바랜 옷을 아깝다고 버리지 못하고 계속 입으면서도 내게 사탕을 사 먹으라고 주는 돈은 아끼지 않으셨다.

하지만 나는 중학교에 올라간 뒤 반항하고 거짓말을 하며 집안 어른들의 마음을 자주 아프게 했다. 물론 할머니와의 사이도 나빠졌다. 밖에 나갈 때도 고개만 꾸벅 숙인 뒤 잽싸게 지나가 버렸다. 어릴 때는 할머니를 끌어안고 잘 정도였는데 중학생이 된 뒤로는 할 말도 없어졌다. 이 모든 변화는 너무나 갑작스럽게 찾아왔다.

언제부터였는지 모르지만 할머니는 사람들에게 더는 초록색 교복 이야기를 하지 않으셨다. 당시 내가 공부를 잘하리라고 기대하는 사람은 아무도 없었다. 아마 사고나 치지 않으면 감사한 일이라고 생각하셨을 것이다.

중학교 3학년 때까지 계속 반항을 하던 나는 어느 날 아버지의 한마디를 듣고 자존심에 큰 상처를 입었다. 나는 독한 마음을 먹고 열심히 공부해 성적표로 아버지의 코를 납작하게 해주겠다고 다짐했고, 중학교 시절 마지막 3개월 동안 최선을 다한 덕에 주변 사람들의 편견을 깨고 명문 고등학교에 입학할 수 있었다.

합격 소식을 확인한 날, 나는 의기양양해져 할머니에게 할 말을 생각했다.

"할머니, 초록색 교복을 입는 학교는 아니지만, 제가 굉장히 좋은 고등학교에 합격했어요. 3년 뒤에는 우리 손녀가 최고 대학에 입학했다고 폭죽 터뜨릴 수 있게 해드릴게요."

하지만 그날 나는 할머니에게 합격 소식을 전하지 못했다. 할머니가 교통사고를 당해 목숨이 위태롭다는 다급한 전화를 받게 된 것이다. 나는 번개같이 병원으로 달려가 할머니의 손을 잡았지만 열심히 연습했던 말은 들려줄 수 없었다.

그날 이후 할머니는 다시 깨어나지 못하셨다. 할머니는 여러 해 동안 침대 시트에 뿌리를 내린 듯 누워 코에 연결된 호스를 통해서만 영양분을 섭취하며 간신히 연명하셨다.

뜻밖의 사고는 나를 헤어나기 힘든 고통으로 밀어 넣었다. 나는 할머니의 교통사고가 인생을 잘못 산 내게 하늘이 내린 벌이라고 확신했다. 그때 이후 나는 열심히 살기 위해 노력하며 밤낮없이 공부에 매달렸고 속으로 끊임없이 맹세했다.

'꼭 국립타이완대학國立臺灣大學에 합격하고 말겠어. 그럼 할머니도 깨어나서 내 손을 잡고 자랑스럽다고 하시겠지.'

양심의 가책 때문인지 나는 줄곧 '시간이 없다'는 생각에 사로잡혀 있었다. 툭하면 화를 내거나 불안해했고 무슨 일이든 내 손으로 직접 해야 직성이 풀렸다. 계획을 세울 때도 빈틈을 허락하지 않았으며 예상한 날보다 항상 앞서서 일을 완성했다. 마음속 불확실성을 없애기 위한 방법이었다. 나는 끊임없이 눈에 띄는 성적과 일의 성과로 높은 산을 하나씩 정복해나갔다. 그러면서도 만족할 줄 몰랐다. 마음속 깊이 진정으로 갈구한 것은 할머니의 용서였기 때문이다. 하지만 나는 그렇게 듣고 싶었던 할머니의 목소리를 다시 들을 수 없었다.

나는 드라마 속 화지아의 할머니가 세상을 떠나는 모습을 보며 마침내 깨달았다. 내 삶을 찾아온 모든 사람은 저마다 나에게 뭔가를 가르쳐주려고 나와의 만남을 하늘에서부터 준비해왔음을 말이다. 사람들은 그 만남과 이별을 통해 상처를 받기도 하지만 그만큼 삶이 얼마나 소중한지 알게 된다.

이 세상에 진정으로 사람을 빛나게 하는 것은 다이아몬드가 아니라 눈물로 깨끗이 씻어낸 두 눈이다. 이 눈을 가진 사람은 진정한 사랑의 빛을 볼 수 있을 뿐만 아니라 그 무엇으로도 사랑을 대신할 수 없음을 알게 된다. 한 사람을 강하게 만드는 건 두려움이 아니라 상대를 생각하는 마음이다.

언젠가 사랑했던 사람을 떠나보내게 된다면 그에게 배울 것은 모두 배웠다는 뜻이니 너무 슬퍼하지 마라. 지난날 쌓아온 추억은 사라지지 않고 당신과 함께할 테니까 말이다.

　떠난 사람에게 그동안 잘해주지 못했다는 아쉬움으로 자신을 괴롭히지 말고 가슴속에 성장의 씨앗을 뿌리자. 그가 당신의 마음속에 살고 있다면 죽음은 결코 이별이 아니다. 기억의 구석에 있는 따뜻한 두 손은 당신을 놓지 않을 것이다.

부모님께 해드릴 수 있는
최고의 일

　　　　　　　　친구가 상담실 문을 열고 씩씩거리
며 들어와 소파에 털썩 앉더니 이내 불만을 털어놓았다.

"왜 부모님 댁에만 갔다 오면 기분이 상하는 걸까?"

나는 이 말이 질문이 아님을 알고 있었다. 게다가 그는 어떤 의
견도 받아들일 생각이 없을 것이다. 그저 나의 위로가 필요할 뿐
이었다. 부모님이 잘못한 게 얼마나 많은지 장단을 맞추면서 말
이다.

"돈 좀 아끼겠다고 싸구려 음식 먹지 말라고 벌써 몇 번을 말
했는지 모른다니까. 집에서 텔레비전만 보지 말고 나가서 운동도
좀 하고, 어디서 만든 건지도 모르는 약 먹지 말고 아프면 병원에
가라고 그렇게 말했는데. 물건 고장 나면 아깝다고 집에 쓰레기

될 때까지 쌓아두지 말고 그냥 버리라고도 몇 번이나 말했다고. 그뿐만이 아니야. 두 분이 함께 산 지 30년이 넘었는데 온종일 말다툼에, 불평불만은 뭐가 그렇게 많은지. 그냥 서로 칭찬해주고 사이좋게 지내면 안 되나? 아무리 말해도 듣는 시늉도 안 하셔."

"부모님께 기대가 많은 거 아냐?"

"기대는 무슨! 난 그냥 우리 엄마, 아빠가 나한테 짐이나 안 됐으면 하는 거야."

"네가 하라는 대로 하면 부모님이 건강하고 즐겁게 사실 수 있을까?"

"말하면 입만 아프지. 건강 관리 잘하고, 돈 너무 아껴 쓰지 않고, 서로에게 잘해주면 삶이 얼마나 아름답겠어!"

"너 혹시 네가 가장 싫어하던 사람이 됐다는 거 모르겠어?"

"내가 잘못했다는 거야? 내가 이러는 건 다 부모님 잘되시라고 하는 거야!"

이 말이 입에서 떨어지는 순간, 친구는 유전의 힘이 얼마나 강한지 깨닫게 되었다. 부모와 자식이 뒤바뀌어 태어난다는 다음 생애의 윤회를 기다릴 필요도 없게 됐다. 지난날 부모님께서 하셨던 "다 너를 위해서 그러는 거야"라는 한마디에 문을 쾅 닫고 뛰쳐나가 집으로 돌아가지 않으려 한 사람이 그였기 때문이다.

당시 친구는 도무지 부모님을 이해할 수 없다고 말했다. 부모님이 무슨 권리로 자신에게 어떤 전공을 선택해라, 무슨 직업을 가져라, 어떤 남자를 만나라 말할 수 있단 말인가. 어째서 부모님은 자신들만의 기준으로 자식의 미래를 규정하고 강요한단 말인가. 그때 친구는 내게 당당하게 말했다.

"내 인생은 내 거야. 나는 내 행복을 위해 살 거라고. 누구도 내게 어떻게 해야 한다고 말할 권리는 없어."

친구는 부모님이 당연한 듯 뭔가를 강요하는 것이 정말 싫다고 했다. 하지만 그의 부모님은 계속해서 자신들의 입장만 고집하며 자식의 미래가 함정에 빠질까 봐 두려워했고, 친구는 끊임없이 부모님과 맞서 싸워야만 했다.

지금 와서 보니 그의 부모님이 걱정하셨던 일들은 일어나지 않았다. 오히려 친구는 자신이 원하는 삶을 살게 됐다. 그런데 언젠가부터 그는 부모님에게 시선을 돌려 자신의 눈에 거슬리는 일들에 신경을 쓰기 시작했다. 부모님의 일상적인 생활과 시간 활용, 돈의 사용, 타인과의 소통까지 자신의 생각과 맞지 않는 것들은 모두 낡아빠진 습관으로 치부하고, 자신이 생각하는 이상적인 형태의 노후 생활을 하도록 부모님에게 강요한 것이다.

그러나 우리가 잊지 말아야 할 사실이 있다. 우리 시대에는 자유와 독립, 하루하루를 즐기며 사는 일이 중요하게 여겨지지만 부모님 시대에는 근검과 절약이 미덕이었음을 말이다. 우리가 부모님께 무언가를 고치라고 말할 때 부모님은 이 말이 자신을 향한 관심이 아니라 말도 안 되는 비판이라고 생각할지도 모른다.

지난날 우리가 부모님의 잔소리를 사랑이 아니라 벗어나기 힘든 속박이라고 느꼈던 것과 마찬가지다.

사실 우리와 우리 부모님이 서로 그냥 지나치지 못하는 이유는 사랑하기 때문이다. 부모님은 행여 우리가 고생하거나 상처받을까 봐 마음을 놓지 못하고, 우리는 부모님을 더 잘 돌봐드리고 싶어 한다. 그런데 아이러니하게도 한마디 말로 서로를 더 멀리 밀어내고 만다.

부모가 자녀에게 줄 수 있는 가장 큰 선물이 자유라면 자녀가 부모님께 드릴 수 있는 가장 큰 보답은 존중이다. 당신이 보기에는 고생스러운 일이 부모님에게는 좋고 싫음이 없는 습관일 수도 있다. 부모님의 그런 모습이 보기에 가슴 아프다 해도, 이는 당신이 감당할 몫이지 당신의 대본대로 살라며 부모님께 강요할 일이 아니다.

사랑이 사람을 다치지 않게 하려면 우선 존중하는 마음이 필요하다. 서로의 마음을 헤아리고 따뜻한 말을 건네는 것이 서로의 관계를 더 반짝이게 하는 유일한 방법임을 잊지 말아야 한다.

제대로 질문하고
제대로 들어라

당신 주변에도 툭하면 남의 의견을 물으면서 정작 대답은 귀담아듣지 않는 사람이 있는가? 그런 사람은 아마 불쑥 당신에게 달려와 다음과 같이 물을 것이다.

"나 다이어트하려고 하는데 무슨 좋은 방법 없을까?"

당신은 성의껏 대답해준다.

"내 생각에는 음료를 좀 덜 마시고 물을 많이 마시는 게 좋을 것 같아."

"근데 물은 많이 마시기가 어렵잖아. 아무 맛도 없고."

"그럼 야식을 끊어봐. 분명 효과가 있을걸."

"하지만 야식을 안 먹으면 배가 고파서 잠이 잘 안 오더라고."

"먹는 걸 못 줄이겠으면 운동을 많이 하든가."

"운동하려고 밖에 나가면 햇볕에 그을리지 않을까? 그리고 무엇보다 움직이기 귀찮아."

이런 대화가 계속 반복되면 아무리 인내심이 많은 사람이라도 지치게 된다.

나는 직업이 직업인 만큼, 개인적인 문제로 고민하는 사람들을 많이 만난다. 처음에는 나도 다른 사람의 사례나 전문적 지식을 함께 나누며 그의 고민을 해결해주기 위해 최선을 다한다. 그런데 어떤 사람들과는 대화를 주고받다 보면 마치 벽을 보고 이야기하는 느낌이 들 때가 있다.

내가 아무리 의견을 내도 그들은 항상 갖가지 이유를 들어서 내 말에 반대하거나 예외적인 상황을 열거한다. 흥미로운 점은 내가 "이미 생각을 많이 해본 것 같은데 그냥 네 생각대로 해봐. 굳이 나한테 물을 필요가 있을까?"라고 말하면 그들은 또 이렇게 말한다.

"하지만 난 자신이 없어서. 남들은 어떻게 생각하는지 알고 싶단 말이야."

그럴 때 나는 속으로 외치게 된다.

'뭐야, 네가 방금 내가 한 말은 다 싫다고 했잖아. 아무리 봐도 자신감이 없는 사람 같지 않거든!'

이런 일이 몇 번 반복되면 상대가 어떤 의견을 구해도 시들하게 여길 수밖에 없다. 진지하게 대답해줬다가 기운 빠지느니 대강 듣는 시늉만 하는 것이다.

만약 당신에게도 이런 친구가 있다면 시간이 지날수록 그 친구와는 의례적인 사이가 되기 쉽다. 진지한 고민은 나누지 않고 날씨나 맛있는 음식, 가십거리 등의 가벼운 주제를 선택해 표면적인 관계만 유지하는 것이다.

간혹 상대가 또다시 당신의 의견을 물어도 상대를 잘 아는 당신은 대강 분위기나 맞추며 더는 자신의 진짜 생각을 나누려 하지 않을 것이다. 예를 들어 친구가 또 다이어트 이야기를 하면 당신은 이렇게 말할 것이다.

"됐어. 그냥 다이어트하지 마."

"하지만 너도 봐봐. 내 엉덩이와 허벅지가 하나로 이어져 있다니까."

"다 그렇지, 뭐! 넌 정상이야. 엉덩이 살이 너무 없으면 뼈 때문에 의자에 앉기도 불편하지 않을까?"

"하긴! 내 생각에도 살이 너무 없으면 보기 안 좋더라."

친구는 아닌 척하지만 만족스러운 미소를 지을 것이다.

당신은 이런 친구의 모습을 보며 다이어트에 관한 문제는 그냥 생각 없이 하는 말일 뿐 당신이 진지하게 대꾸하지 않을수록 빨리 발을 뺄 수 있다는 사실을 깨닫게 될 것이다.

이처럼 일명 '답은 정해져 있고 너는 대답만 하면 된다'는 식의 화법을 구사하는 사람을 좀 더 자세히 분석해보면 '그러나, 하지만, 그런데'란 말을 습관적으로 쓴다는 걸 알 수 있다. 이는 그에게 진심으로 문제를 해결하고 싶은 의지가 없다는 뜻이다. 그저 당신을 통해 자기 생각이 옳다는 것을 증명하고 싶을 뿐이다.

당신이 자기 마음에 드는 대답을 내놓지 않는 한 그의 질문은 계속될 것이다. 이런 상황에서는 그와 '한 팀'이 되거나 '희생양'이 될 수밖에 없다. 그의 말이 앞뒤가 맞지 않는다며 비난해봤자 서로 화를 돋울 뿐 아무 소용이 없기 때문이다. 그가 스스로 마음을 열지 않으면 당신 말이 아무리 옳다 해도 그의 귀에는 비판으로 들릴 뿐이다. 그는 당신이 어떻게 감히 자신의 노력이나 상태를 인정하지 않을 수 있는지 이해하지 못하고, 어떻게든 당신에게 반박함으로써 자신의 우월한 상태를 유지하려 할 것이다.

이런 상황이 오래 지속되면 그의 주변 사람들은 그를 몰인정하게 대할 것이다. 마치 「양치기 소년」에 나오는 소년처럼 언젠가 진짜 늑대가 나타났을 때 아무도 손을 내밀어 구해주지 않을 가능성이 크다. 그는 두 눈을 멀쩡히 뜬 채 양이 잡아먹히는 꼴을 보고 있을 수밖에 없다. 하지만 이는 자신이 뿌린 씨앗이므로 결과 역시 스스로 감당해야 한다.

누군가는 '그렇다면 무슨 일이든 남의 의견을 따라야 양치기 소년 신세를 면할 수 있다는 것인가?'라고 항의할 수 있다. 물론 그런 것은 아니다. 하지만 이 한마디만은 기억하라.

"다른 사람의 성의를 받아들일 능력이 있는 사람만이 질문을 던질 수 있다."

　상대의 말을 따르는 것은 잘 들어주는 것과 다르다. 따라서 이는 당신이 상대의 의견대로 해야 한다는 뜻이 아니다. 상대의 대답이 좋든 나쁘든 당신이 관대하게 받아들이면 상대는 기꺼이 자신의 경험을 나누고 싶어 할 것이다. 꼭 상대의 말에 따르지 않더라도 그가 이야기하는 방법은 하나의 가능성이 될 수 있으며, 당신에게 새로운 시각을 선사할 수 있다. 이처럼 서로 상대의 호의를 받아줄 때, 생각의 차이에서 오는 충돌을 피할 수 있다. 또한 지혜로운 사람이 되기 위해서는 쉽게 질문을 던지지 말아야 한다. 질문하기 전에 벌어질 수 있는 상황을 미리 심사숙고하고 상대의 말을 수용할 자세를 가져야 한다.

　만약 당신이 바로 그 툭하면 질문하기를 좋아하는 사람이라면 반드시 조심해야 한다. 당신의 친구는 이미 당신의 하나 마나 한 질문을 참아준 지 오래됐을지도 모르니까 말이다.

　마지막으로 당신이 질문을 받는 입장인데 아무리 성의 있게 대답해도 상대가 받아주지 않는다면, 자신이 무능해서 상대를 돕지 못하는 거라고 생각할 필요 없다. 자신이 원하는 것이 무엇인지조차 모르는 사람은 당신이 무엇을 준다고 해도 모두 틀렸다고 할 것이다. 차라리 그에게 대답할 기운을 모아놨다가 진정으로 자신의 문제에 책임을 지려는 사람에게 전해주길 바란다. 틀린 사람에게서 옳은 대답을 찾을 수는 없는 법이다.

좋은 사람을 만나고 싶다면
먼저 좋은 사람이 돼라

　　　　　　우리는 종종 인터넷 커뮤니티 사이
트와 SNS에서 이런저런 폭로 글을 보게 된다. 피해를 보았다고
목소리를 높이는 사람들은 누군가의 연인, 며느리, 남편, 친구 등
역할도 유형도 다양하다. 하지만 여러 폭로 글 중에서도 가장 쉽
게 사람들의 공감대를 얻는 것은 여전히 연애 문제다.

　익명의 작성자가 자신의 비참한 상황을 하소연하고 나면 그 아
래에는 작성자를 향한 지지와 격려의 댓글이 엄청나게 달린다.
사람들은 상처를 준 사람을 함께 욕하며 마지막으로 "당신은 더
좋은 사람을 만날 수 있어요"라는 말을 덧붙인다. 작성자가 용감
하게 상처를 극복하고 자신을 더 소중히 여길 줄 아는 사람이 되
면 지금보다 더 행복해질 거라는 따뜻한 격려의 분위기가 커뮤니

티를 가득 채운다.

나는 이처럼 대다수의 사람이 굳게 믿는 '다음에 만날 사람은 더 나을 것이다'라는 말에 동의하지 않는 편이다. 경험에 비추어 봤을 때 개인의 사랑 이야기는 상대만 바뀔 뿐, 대부분 비슷한 대본으로 진행되기 때문이다. 이 대본은 플롯도 변하지 않을뿐더러 갈등도, 대응 방식도 판에 박은 듯 똑같다. 따라서 늘 겪었던 상황만 끊임없이 반복될 뿐, 해피엔딩이란 있을 수 없다. 하지만 이런 관찰 결과를 댓글로 남기지는 않는다. 사람들이 인터넷 커뮤니티에 그런 글을 올리는 이유는 정확한 의견을 듣고 싶어서가 아니라 내 편이 되어 공감해주기를 원하기 때문이라는 것을 알기 때문이다.

아마 당신은 내가 무슨 근거로 다른 사람을 만나도 행복할 수 없다고 단정 지어 말하는지 의문을 품을 것이다. 어쩌면 상처받은 그 작성자는 지금 잠시 몹쓸 상대를 만났을 뿐 헤어진 뒤 다른 진정한 사랑을 찾을 수도 있지 않을까?

대부분의 사람은 나중에 만나게 될 상대가 '~한 조건을 갖추고 있으면 좋겠다'는 생각을 가지고 있다. 마치 나중에 살게 될 집은 채광이 좋고 시야가 탁 트인 곳에 있으며 교통이 편했으면 좋겠다는 등의 구체적인 희망 사항이 있는 것처럼 말이다.

그런데 그런 집을 가지려면 반드시 적지 않은 대가를 치러야 한다. 조건이 좋은 집일수록 값이 비싸야 합리적이고 공평하기 때문이다. 하지만 이런 논리는 연인 간의 애정 문제를 논할 때 거의 언급되지 않는다.

누군가에게 원하는 사랑을 찾으라고 격려할 때 우리는 그에게 자신은 어떤 조건을 갖추고 있는지, 본인이 원하는 상대에게 스스로 어울리는 짝인지를 되돌아보라고 권해야 한다. 그래야만 그가 사랑하는 사람과의 관계에서 불행할 일을 겪지 않게 된다.

나는 1년에 한 번씩 '행복 워크숍'이란 수업을 진행한다. 이 수업에서는 말 그대로 사람들에게 어떻게 해야 자신의 행복을 찾을 수 있는지를 가르친다. 조금 특별한 점이 있다면 참여하는 이들과 알맹이가 없는 사랑 문제를 논하는 대신, 사랑 카드를 나눠주며 본인이 배우자를 찾을 때 가장 중요하게 여기는 조건 다섯 가지를 고르는 활동적인 활동을 한다는 것이다. 고를 수 있는 카드의 수에 제한이 있기 때문에 참가자는 속으로 취할 것은 취하고 버릴 것은 버리며 가장 솔직한 조건을 선택한다. 이렇게 하면 사랑에 대해 자신이 기대하는 것이 무엇인지 정확히 알 수 있다.

이 활동을 진행하는 동안 참가자들은 식당에서 맛있는 음식을 주문할 때처럼 즐거워한다. 비록 상상이지만 자신의 배우자가 손에 쥔 모든 조건을 갖추고 있다니 이보다 기쁜 일이 어디 있겠는가.

하지만 핵심은 이것이 아니다. 나는 그다음에 다른 카드, 즉 능력·장점 카드를 나눠주며 참가자들에게 자신의 가장 뛰어난 능력이나 타고난 장점을 고르게 한다. 그리고 자신이 잘하는 일과 조금 전 선택한 배우자의 기준을 함께 놓고 비교하게 한다. 그 과정에서 매우 흥미로운 일이 벌어진다. 많은 참가자가 흠칫 놀라며 지난날 자신의 사랑이 어째서 그렇게 순조롭지 않았는지 깨닫게 된다.

예를 들어보자. 워크숍에 참가한 남성들은 한결같이 '따뜻하고 온순한', '나를 좋아하고 떠받들어주는', '세심하고 자상한', '칭찬을 잘해주고 말을 상냥하게 하는', '내 말에 잘 따라주는' 여성을 원한다. 그들이 바라는 조건에 어떤 일정한 법칙이 있는지 눈치챘는가? 남성들은 사랑이라는 주제에서 상대에게 인정받고자 하는 욕구가 강하며, 상대가 자신을 중심으로 생각하고 행동하길 바란다. 이런 조건들이 얼마나 남성 중심적인지는 일단 신경 쓰지 말자.

한 가지 짚고 넘어가자면, 나는 사랑이라는 문제에서 상대에게 원하는 것을 옳고 그름으로 나눌 수 없다고 생각한다. 사람은 누구나 자신만의 이상형이 있게 마련이다. 다만 자신의 바람을 이루려면 어떤 대가를 치러야 하는지, 지금 노력하고 있는 방향이 옳은 것인지 알 필요가 있다.

그리고 이 남성들은 자신이 가장 잘하는 것으로 '각종 기계나 설비, 기구를 정확히 조작할 줄 안다', '숫자에 내포된 의미나 변화 규칙을 쉽게 파악한다', '문제를 빠르게 해결한다', '수학의 부호나 방정식을 사고에 접목할 줄 안다', '문제를 정확히 진단하고 수리할 줄 안다'와 같은 일들을 꼽는다.

남성들은 이런 장점을 늘어놓으며 자신이 기계와는 친하게 지내면서도 사람과 잘 지낼 능력은 매우 부족했음을 문득 깨닫는다. 그래서 남성들은 관계에서 생긴 문제 역시 논리적으로만 해결하려는 경우가 많다. 이런 깨달음을 얻은 뒤에는 마음을 가라앉히고 자신이 원하는 배우자는 어떤 남자를 좋아할지 생각해보는 시간을 가진다.

사랑을 유지하는 일은 어렵지 않다. 당신에게 필요한 것을 상대가 채워줄 수 있고, 상대가 필요로 하는 것을 당신이 흔쾌히 줄 수 있다면 말이다. 하지만 우리는 종종 자신이 원하는 것에만 초점을 맞추고 상대가 원하는 것을 자신이 감당할 수 있는지는 생각하지 않는다. 앞서 말했듯 좋은 집을 가지려면 많은 돈이 있어야 하고, 그게 어렵다면 다른 집을 선택해야만 한다. 마찬가지로 누군가에게 더 나은 사람을 만날 수 있다고 위로할 때도, 그 전에 자기 자신을 되돌아보라고 용감하게 조언해야 한다. 스스로 변화하지 않는다면 기준을 낮추는 수밖에 없다.

이런 말들은 듣기에 껄끄러울지도 모르지만, 이를 통해 사고를 전환함으로써 얻을 수 있는 깨달음은 의외로 크다. 워크숍에 참가했던 한 참가자는 내게 워크숍을 통해 자신의 연애가 안정기에 들어서면 어째서 다툼이 끊이지 않는지 알게 됐다고 말했다. 연인과 함께 식사를 하러 갈 때도 자기 생각만 지나치게 고집하고 상대가 무엇을 먹고 싶어 하는지는 신경도 쓰지 않았던 것이다. 이런 상황이 반복되자 상대 역시 서운함이 쌓여 원만한 관계를 유지할 수 없었다.

사랑에 문제가 생겼다면 한쪽만의 잘못 때문일 수는 없다. 상대를 욕하거나 불평하는 대신, 자신도 개선해야 할 부분이 있다고 인정할 때 행복의 입구를 더 빨리 찾을 수 있다. 당신의 삶에 천사가 내려오길 바란다면, 먼저 당신이 그를 위해 천국을 만들어줘야 한다.

한 남학생이 물었다.

"선생님, 어떻게 해야 더 많은 친구를 사귈 수 있을까요?"

그의 앳된 얼굴에는 고민이 잔뜩 묻어났다. 낯선 정거장에서 플랫폼을 찾지 못해 차를 잘못 타면 어쩌나 걱정하는 사람처럼 그는 내게 다급히 방향을 묻고 있었다.

하지만 물에 빠진 사람을 봤다고 해서 성급하게 물에 뛰어들어 구하는 것은 금물이다. 우선 부목을 던져주고 상대가 안정을 되찾은 것을 확인한 뒤 건져내 안전한 뭍으로 옮겨야 한다.

"'더 많은' 친구라니, 무슨 뜻이야? 지금 친구가 하나도 없니?"

"친구야 있죠! 근데 자주 연락하는 애들은 몇 명 안 되거든요. 왠지 저만 다른 애들보다 뒤처지는 느낌이에요. 어떻게 해야 더 빨리 친구를 모을 수 있죠? 친구가 많아지면 페이스북의 팔로워 숫자도 빨리 늘릴 수 있을 텐데."

"듣고 보니 네가 바라는 친구는 꼭 장식품 같구나. 많은 사람 사이에서 너의 가치를 돋보이게 해줄 장식품 말이야. 그게 정말 네가 친구를 사귀는 목적이니?"

나의 질문에 그는 멍한 표정을 짓더니 이내 어깨를 으쓱했다. 여태껏 한 번도 친구가 자신에게 어떤 의미인지 깊이 생각해보지 않았던 모양이다.

하지만 나는 그에게 설교할 마음이 없었다. 그 나이 또래의 학생들이 하는 고민 대부분은 친구들과의 관계임을 알기 때문이다. 실제로 청소년기에는 친구들 사이에서 누가 누구를 좋아하는지, 누가 누구를 싫어하는지, 누가 누구의 험담을 했는지, 자기 의견이 친구들에게 얼마나 받아들여지는지가 매우 중요하다.

당신이 보기에는 이런 고민이 사소할 수 있지만 그들에게는 무엇보다 심각한 문제다. 청소년기에는 아직 자아 정체성이 확립되어 있지 않기 때문에 자신이 누구인지, 어떤 인간관계에 적합한지 스스로 알기 어렵다. 그 때문에 주변 사람 등 외부를 통해 자기 존재를 확인하고 자신감을 찾으려 한다.

게다가 인터넷의 영향으로 많은 아이가 가상의 세계에서 가상의 친구를 만들며 살게 되었다. 하지만 인터넷상에서 아무리 많은 사람에게 환영받고 영향력을 끼친다 한들 실제로는 '가성 친밀감'을 유지하는 정도에 불과하다. 서로에 대해 아는 정보는 많지만 상대를 신뢰할 만큼 진정으로 감정적인 기초를 다지지 못한 상태이기 때문이다.

어른들이 어깨에 힘을 주기 위해 명품 브랜드나 값비싼 자동차, 호화 주택에 집착하는 것처럼 아이들의 세계에서는 팔로워 수나 '좋아요'의 수, 댓글 수, 공유 횟수를 따진다. 두 가지가 상당히 달라 보이지만 본질적으로는 별 차이가 없다. 왜냐하면 양쪽 모두 외적인 소유를 통해 자신의 가치를 증명하고 관심과 인정을 얻으려 하는 것이기 때문이다. 어른이든 아이든, 그들의 진정한 문제는 사람과의 관계에서 온전한 만족과 지지를 느끼지 못할 때 유형화된 사물을 통해 내면의 불안을 쫓아내려 한다는 것이다. 특히 아이들은 주관을 굳힐 능력이 부족하기 때문에 그저 대세에 자신을 맞추는 게 옳다고 여긴다. 그래서 대부분의 아이가 친구 수를 늘려 불안감을 없애려고 하는 것이다.

하지만 지금 내가 우정의 참뜻을 이야기한들 아이는 무슨 말인지 알아듣지 못할 것이다. 그뿐 아니라 내가 시대에 뒤떨어진 사람이라며 다음에 만나면 말도 섞지 않으려 할 것이다.

나는 곰곰이 생각하다 질문을 던졌다.

"마트에 가서 물건 사본 적 있니?"

"있죠!"

그는 고개를 끄덕이며 내가 왜 엉뚱한 얘기를 꺼내는지 알 수 없다는 듯 미간을 잔뜩 찌푸렸다.

"그럼 넌 마트에 가면 거기 있는 물건을 다 하나씩 사서 집에 오니?"

"그럴 리가요! 주방 세제나 아이들 분유 같은 게 필요할 리 없잖아요."

"그렇지. 마트에 진열된 상품은 종류가 엄청 많지만 네가 살 수 있는 건 몇 가지 안 되잖아. 또 진열대마다 칸칸이 과자가 수십 종씩 채워져 있지만 네가 정말 먹고 싶은 건 몇 가지뿐이고. 마찬가지로 친구가 아무리 많아도 속마음을 털어놓을 수 있는 친구는 몇 명 안 되지. 물론 마트에 가면 다른 건 뭐가 있나, 새로 나온 과자는 없나 한번 둘러보긴 하겠지. 그런 물건을 한번 사볼까 싶다가도 혹시 샀다가 맛이 없으면 어쩌나 싶을 거야. 랜선 친구에게 네 비밀을 함부로 털어놓지 못하는 것처럼 말이지."

"하지만 저한테 돈이 많다면 마트에 있는 물건을 모두 살 것 같은데요."

"다 사서 집에 온 다음에는? 뭐 할 건데? 유통기한이 지날 때까지 가지고 있다가 버릴 거야?"

나의 물음에 아이는 고개를 숙인 채 '소유'의 진정한 목적에 대해 생각하기 시작했다.

"네가 조금 더 자라고 나면 이 세상은 서로 다른 개성의 사람들로 가득하다는 걸 알게 될 거야. 어떤 사람은 명랑하고, 어떤 사람은 괴팍하지. 또 어떤 사람은 냉정하고, 어떤 사람은 성질이 급해. 그 사람들은 진열대 위의 상품과 같아서 저마다의 특색과 쓰임새가 있게 마련이란다. 중요한 건 네가 뭘 필요로 하냐는 거야. 어떤 상품이 네게 진정한 행복을 주고 네 삶을 풍요롭게 해줄까? 너 설마 쇼핑 중독자가 될 생각은 아니지? 아니면 네 꿈이 아예 마트를 차려서 널 만족시켜줄 각종 상품을 다 갖는 거니?"

"그러고 보니 물건을 다 사지는 못할 것 같아요. 집에 가져가기도 어려운 데다, 부담스럽잖아요. 또 가진 게 너무 많으면 소중히 여기지 않을 것 같아요."

아이는 피식 웃으며 겸연쩍은 표정으로 말했다.

나는 그의 어깨를 두드려줬다. 그는 분명 스스로 생각하는 능력을 발휘하기 시작했다. 나는 마지막 말을 덧붙였다.

"네가 지금 고민하는 것들은 몇 년 뒤에는 별것 아닌 문제가 된단다. 그때 누군가가 지금의 너와 비슷한 고민을 한다고 하면 사소한 문제를 크게 생각한다고 하겠지. 사람은 다 그런 거야. 지난날 우리를 가로막는다고 생각했던 문제 안에는 사실 진짜 중요한 무언가가 숨어 있단다. 꼭 문제의 해결책을 얻는 것만이 중요한 건 아니야. 걸음을 멈추고 문제를 제대로 살펴본 뒤 행동한다면 더 많은 헛걸음을 줄일 수 있을 거야."

우리는 자신의 행복이 외적인 것에 의존하지 않도록 살아가야 한다. 눈에 보이는 것에 따라서만 움직일 때 '자기'는 결국 사라지게 되기 때문이다. 우리의 성장과 삶의 방향이 자기 자신에 근거를 두지 않는다면, 이는 올바른 성장이라고 할 수 없다. 당신도 부디 헛된 것을 좇고 경쟁하느라 자신을 잃지 말기를 바란다.

착한 사람이 되기 위해
참는 사람이 되지 말자

　　　　　　　　　　타이완 출신의 재일 야구선수 양다
이강陽岱鋼(일본 요미우리 자이언츠의 외야수로 삼 형제 모두 야구를 하
고 있지만 실력이나 연봉 모두 두 형을 앞서고 있다. 타이완 야구 국가 대
표 선수로 활동하기도 했다 -옮긴이)은 돈 문제로 빚어진 가족 간의
분쟁으로 한동안 구설에 올라야 했다. 그의 형이 돈을 노리고 양
다이강이 부모에게 불효했다는 폭로를 한 거라는 소문도 있었다.
이 소식을 들은 한 친구가 내게 물었다.

　"가족 간의 돈 문제로 생기는 불화는 피할 수 없는 걸까? 가족
중에 누구 하나 능력 있는 사람이 있으면 다른 가족은 일까지 그
만두고 경제적인 도움을 받길 기다리곤 하잖아."

　나는 양다이강이란 선수에 대해 잘 알지 못하기에 이 사건을

두고 뭐라 얘기할 수 없었다. 하지만 나는 많은 사람이 이와 비슷한 고민을 해봤으리라고 확신한다.

당신이 자신의 노력으로 어렵게 명성을 얻고 많은 돈을 벌게 됐다고 하자. 이때 주변 사람들은 당신이 기꺼이 금전적인 도움을 줄 거라고 기대한다. 만약 당신이 그렇게 하지 않으면 이기적이라거나 쩨쩨하다는 꼬리표를 달기 십상이다. 아마 그들은 당신이 오늘날의 성공을 거두기 위해 얼마나 많은 땀과 눈물을 흘렸는지 전혀 관심도 없을 것이다.

나는 친구와 양다이강 선수에 대한 이야기를 나누다 불현듯 한 일화를 떠올렸다.

아룽阿榮은 집안의 장손이었다. 그의 밑으로는 남동생 하나와 여러 여동생이 있었다. 아버지의 근검절약 정신과 성실한 성격을 물려받은 아룽은 일찌감치 고향을 떠나 대도시에 가서 일하며 나름대로 성공을 거둔 뒤 자신만의 가정을 꾸렸다. 한편 어려서부터 공명심에 불타던 동생은 한 방을 노리며 여러 사업을 시도했지만 언제나 막대한 금전적 손해를 보고 사업을 접곤 했다. 그럼에도 동생은 단숨에 부자가 되겠다는 꿈을 버리지 못했고, 무슨 좋은 건수만 있으면 부모님께 돈을 빌려달라고 졸랐다.

그런데 이미 연세가 지긋한 부모님은 달리 저축한 돈이 없어 큰아들 아룽의 봉양으로 노년을 보내고 있었다. 그들은 작은아들의 형편없는 전적을 알고 있으면서도 그를 꾸짖기는커녕 안쓰러워했다. 그 때문에 부모님은 종종 큰아들 아룽에게 돈을 빌려 작은아들에게 주곤 했다. 아룽이 벌써 동생에게 여러 번 돈을 빌려준 데다, 앞서 빌려준 돈도 돌려받지 못하는 상황인데도 말이다.

아룽은 돈을 빌려달라는 동생의 부탁을 거절하기도 했지만, 부모님까지 나서서 계속 애원하니 마음이 약해질 수밖에 없었다. 이렇게 한 번, 두 번 부탁을 받아주다 보니 정작 자신의 아이는 공부할 돈이 없어 일찍부터 아르바이트를 해야 하는 상황이었다. 이후로도 아룽은 엄청난 경제적 압박에 시달려야 했고, 우울증에 걸린 그는 결국 자살을 선택했다. 하지만 친척들은 아룽이 이기적이고 책임감이 없어 가족을 버리고 세상을 떠났다고 수군거렸다. 이런 황당한 논리는 지금 우리 주변에서도 끊임없이 재연되고 있다.

그렇다면 능력 있는 사람의 말로는 비극뿐일까? 많은 부담을 지지 않으려면 일부러라도 평범함을 유지해야 할까? 콩고물이라도 얻어먹겠다는 누군가 때문에?

이런 상황에서 필요한 것은 평범함을 유지하려고 노력하는 일도, 자신이 얼마나 많은 책임을 지고 있는지 주변 사람들에게 증명하는 것도 아니다. 바로 자신의 '심리적 한계선'을 확립하는 것이다.

우리는 자라면서 자신의 필요와 한계를 정확히 인식하고 말하도록 격려나 가르침을 받아본 적이 거의 없다. 그저 어떻게 하면 많은 사람에게 인정받을 수 있는지에만 집중했을 뿐이다. 우리는 속으로는 내키지 않는데 타인의 시선 때문에 자기 마음과 다른 일을 하며 끊임없이 상처받아왔다. 남들에게 좋은 사람으로 보이고 싶어 '온전한 나 자신'이 되기를 포기한 것이다.

하지만 이렇게 양보한다고 해서 더 많은 존중을 받거나 혜택을 누릴 수 있는 것은 아니다. 오히려 어쩔 수 없이 해야 할 일이 늘어날 뿐이다. 심리적인 거리를 유지하지 못하면 당신의 내면은 짓눌리다 못해 변형되고 만다. 이런 시간이 길어지면 자신을 미워하거나 세상이 불합리하다고 불만을 터뜨리게 된다. 결국 가장 큰 상처를 받는 사람은 당신 자신이라는 얘기다.

반면 자신의 심리를 지키는 한계선이 정해져 있으면 누군가에게 부탁을 받아도 자신이 도울 수 있는 것은 무엇인지, 어디까지 도울지를 구분하고 상대에게 명확하게 말해줄 수 있다. 또한 이 심리적 한계선을 통해 스스로 '너무 이기적이지는 않은가' 하는 고민에 빠지지 않을 수 있다.

심리적 한계선을 세우기 위해서는 자신이 원하는 것이 무엇인지 인식하고 자신의 한계를 인정해야 한다. 앞서 언급했던 양다이강 선수의 경우에도 형제와의 사이에 정말 금전적인 문제가 있다면, 서로 문제를 터놓고 이야기하며 자신의 입장과 원칙을 정확히 밝히는 것이 좋을 것이다.

매 순간 자신이 손해를 보는 건 아닌지 따지라는 말이 아니다. 중요한 것은 상대가 당신이 베푸는 호의를 당연하게 여기지 않도록 하는 일이다. 그러지 않으면 아룽처럼 자기 자신이 다칠 수 있다.

당신도 타인의 존재를 통해 자신의 가치를 정립하고, 상대의 기대에 부응하고자 자신이 원하는 것을 억누르고 있지는 않은가? 또한 자신이 너무 이기적으로 행동하는 것은 아닐까 항상 걱정하고 있진 않은가? 그렇다면 걸음을 멈추고 자신의 심리적 한계선이 정확하게 그어져 있는지 잘 살펴보길 바란다.

당신의 자상하고 선한 마음 씀씀이는 그것을 진정으로 소중히 여길 줄 아는 사람을 위해 남겨놓아야 한다.

"'우리'만 있고 '나'가 없다면 사랑은 존재할 수 없다.
반대로 오직 '나'만 있고 '우리'를 잊으면
사랑을 유지할 수 없다."

Chapter 5

스무 살이 된
너에게

스무 살의 나에게.

안녕, 양지아링! 생일 케이크 위 스무 개의 촛불을 불던 날, 너는 볼살을 꼬집으면서 10년을 넘게 널 괴롭힌 젖살이 왜 빠지지 않느냐고 투덜거렸지. 그리고 마흔 살의 자신은 어떤 모습일지 남몰래 생각해봤어. 안정적인 직업, 어른스러운 태도, 멋진 차, 그럴싸한 집을 가지고 있을 것 같았지.

그런데 맙소사, 눈 깜짝할 사이에 20년이 지나가 버렸지 뭐야. 마흔 살이 된 나는 친구의 페이스북에 올라온 옛날 사진에 있는 앳되고 순수한 네 모습을 발견하고 갑자기 너와 이야기하고 싶어졌어.

양지아링, 축하해. 그 시절 네가 바랐던 것들은 대부분 이루어졌어. 다만 그걸 얻는 과정은 네 생각과는 조금 달랐지만 말이야.

학교를 졸업한 뒤 생존의 압박에 쫓기게 되었을 때, 너는 얼굴에 잔뜩 오른 젖살과는 일찌감치 이별하게 됐지. 그리고 마르고 움푹 들어간 뺨을 거울에 비춰 보며 젖살로 빵빵했던 그 옛날 자신을 날마다 그리워했어. 거리를 지나면서 얼굴에 살이 많아 사진이 예쁘지 않게 나온다며 투덜대는 아이들을 볼 때면 그런 고민을 할 수 있어서 부럽다는 생각도 했지. 그때 너는 사람들이 행복을 현재가 아닌 과거나 미래에 둔다는 사실을 깨달았어. 그리스에 가보지 못했을 때 지중해의 파란색에 환상을 품거나 다녀온 뒤에 그곳의 바닷바람을 그리워하는 것처럼 말이야. 하지만 막상 그리스에 있을 때는 호텔이 낡았다는 둥 시설이 나쁘다는 둥 음식이 입맛에 안 맞는다는 둥 이런저런 불평을 늘어놓잖아.

부정적인 생각은 사람의 눈을 가려 현재의 아름다움을 보지 못하게 해. 하지만 본래 아름다움을 찾고 즐길 줄 아는 눈은 타고나는 것이 아니라 기꺼이 아름다움을 찾는 일에 시간을 할애하고 온전히 받아들일 때 만들어지는 거란다.

양지아링, 미래의 넌 아주 바빠질 거야. 타이베이에 너만의 작은 집도 마련하고 더는 이곳저곳을 떠돌아다니지 않게 되지. 그 과정에서 수많은 사람을 만나고 다양한 성격의 사람들과 함께 일하기도 할 거야. 그런데 꼭 네 인생에서 만나는 모든 사람과 마음을 맞추려고 애쓸 필요는 없어. 그리고 네가 어떤 사람이 정말 마음에 들지 않는다고 해서 그에게 복수하거나 상처를 줄 필요도 없어. 넌 그저 자신의 감정을 있는 그대로 받아들이고 그 사람이 자신과 더 어울리는 소통 대상을 찾을 수 있기를 축복해주면 되는 거야.

또한 네가 남에게 잘 보이려고 지나치게 애쓰다 보면 정작 너 자신을 사랑할 시간이 없어질 수도 있단다. 언제나 자기 자신을 우선으로 여기고 어떤 일에도 자책하거나 스스로 쓸모없는 사람이라고 생각해서는 안 된다는 걸 명심해.

참, 너는 네가 바라던 대로 책도 내게 돼. 이 시대에는 페이스북이라는 게 있고 타자만 칠 줄 알면 누구나 작가가 될 수 있거든.

부디 너와 함께 길을 걷고 커피를 마실 가족과 친구들을 소중히 여기길 바라. 누군가와 대화를 나눌 때 휴대전화 속에서 벌어지는 일 때문에 대화가 끊기거나 주의가 흩어지지 않도록 조심했으면 좋겠어. 그게 네가 상대에게 해줄 수 있는 최고의 대우란 걸 언젠가 깨닫게 될 테니까 말이야.

가족 이야기가 나와서 말인데, 아주 진지한 이야기를 하나 할까 해. 절대 주변의 시선에 쫓겨 서둘러 결혼하거나 아이를 낳아야 한다고 생각할 필요는 없다는 거야. 네가 여자라고 해서, 즉 자궁을 가지고 있다고 해서 출산을 해야 할 의무는 없어. 혹시 네가 엄마가 된다면 행복하다고 느끼지 않을 수도 있으니까.

사랑의 형식은 다양해. 꼭 아이를 가져야 희생의 행복을 느끼고 책임감 있는 사람이 되는 건 아니야. 중요한 건 어떤 역할을 맡느냐가 아니라 네가 진정한 만족을 느끼기 위해서 어떤 선택을 하느냐 하는 거야. 언제든 짐을 싸서 다음 장소로 떠나야 하는 서커스단처럼 조급해할 필요도 없어. 네게는 너만의 삶의 지도를 그릴 권리가 있으니까. 다른 사람이 이미 간 길이나 도착했던 목적지가 꼭 네게 감동을 주는 풍경일 수는 없잖아.

마지막으로 양지아링, 솔직히 말하자면 네가 꿈꾸는 미래와 현실은 많이 다를 수도 있어. 예금 통장이나 임금 명세서에 박힌 숫자가 별로 아름답지 않을 수 있지. 하지만 너는 네 일을 사랑하는 사람이 될 거야.

네가 사는 시대에는 경력이 많은 전문가 셋이 완성하던 일을 지금은 대학생 혼자서도 할 수 있는 시대가 되었어. 그러니까 항상 배우려는 열정을 잊지 말고 새로운 것에 호기심을 느끼면 좋겠다. 네가 학교에서 배운 전공은 사회에 나오면 쓸모가 없어질 수도 있거든. 그렇다고 좌절하거나 걱정하지는 마. 네가 모자라다거나 남들보다 뒤떨어진다는 뜻은 아니니까. 단지 미래의 사회는 한 가지 전문적 지식이나 기술만으로는 살아남기 어려워진다는 거지.

이건 세계적 흐름이니까 괜히 이런 추세를 거슬러보겠다고 목소리 높일 필요 없어. 불평을 늘어놓느니 차라리 시각을 달리해 배움을 게임처럼 생각해봐. 각각의 레벨에서 서로 다른 보물을 차지하고 마지막에 보스를 처치한 뒤 그동안 쌓아온 자산을 보며 스스로 자랑스러워하면 되는 거야. 생활은 바쁘게 흘러가겠지만, 이런 마음을 가진다면 적어도 일기장에 '지루하다'라고 쓸 일은 별로 없을 거야. 네가 배우고 싶어 하기만 한다면 엄청난 명사들을 출연료도 주지 않고 텔레비전이나 인터넷에서 만날 수 있으니 말이야.

나는 네가 살아가면서 다양한 풍경을 보되 너무 많은 어려움은 겪지 않으면 좋겠어. 또한 낮은 곳까지 두루 경험하되 지나치게 우울해지는 일은 없으면 좋겠어. 그리고 희생하는 만큼 누리고, 사랑하는 만큼 미워할 수도 있으면 좋겠어. 상처가 없이는 진정으로 친밀한 관계를 맺을 수 없으니까 말이야.

삶의 의미가 무엇인지는 지금의 나도 완전하게 알지는 못해. 나 역시 아직 삶의 반 정도밖에 오지 않았으니까. 우리가 할 수 있는 건 아쉬움이 남지 않는 하루하루를 사는 거야.

그럼, 나중에 다시 만나자. 너의 청춘과 나의 지혜가 서로 엮여 함께 울고 웃을 수 있는 날이 또 오기를.

부모님의 잦은 메시지에
어떻게 답장해야 할까

"난 요즘 엄마한테 스마트폰 사준 걸 후회하고 있어. 엄마가 스마트폰 메시지 보내는 법을 배우더니 매일 나한테 이모티콘이랑 이상한 글을 엄청 많이 보낸다니까. '온 세계가 깜짝 놀란 비밀', '장사꾼이 당신에게 알려주지 않은 다섯 가지', '의사의 양심 고백' 뭐 이런 거 있잖아. 우리 엄마는 인터넷에서 떠도는 그런 이야기들이 진짜인 줄 알아. 엄마가 그러는 거 보고 내가 얼마나 놀랐다고."

"어머니가 보내는 메시지 내용이 싫은 거야, 아니면 어머니가 널 귀찮게 하는 게 싫은 거야?"

친구의 투덜거림에 내가 물었다.

"그게 차이가 있나?"

"당연히 있지! 단순히 어머니가 보내는 메시지 내용이 싫은 거라면 누르기만 하고 읽지 않으면 되잖아. 하지만 어머니가 네게 관심을 보이는 게 싫은 거라면 해결 방법이 달라야겠지."

"그러고 보니까 엄마가 무슨 내용을 보내든 그건 큰 상관이 없는 것 같아. 내 마음에 안 들면 읽고 무시하면 되니까. 근데 메시지를 보내는 횟수가 너무 많다는 게 문제야. 너무 많이 보내시니까 예의상 답장이라도 한번 해야 할 것 같은데 뭐라고 해야 할지도 모르겠어."

"그럼 진짜 문제는 어머니가 메시지를 보내는 걸 막는 게 아니라 어떻게 답장해야 적당할까 하는 거네?"

"응, 그런 것 같아. 엄마가 그렇게나 메시지를 보내는데 자식이 본체만체하는 건 좀 그렇잖아."

"그건 네 생각이고, 혹시 어머니 입장에서는 네게 메시지 보내는 일을 어떻게 여기실지 생각해봤어?"

"엄마의 입장?"

사실 내게 이런 고민을 털어놓은 사람은 이 친구만이 아니다. 스마트폰의 사용이 보편화된 뒤 한 친구 역시 내게 스마트폰 가족 대화방에 끌려들어 가고 싶지 않다고 불평했다. 부모님이 보내는 내용은 정기적인 안부 또는 글과 그림이 따로 노는 '착하게 살자' 따위의 실없는 글이나 가짜 뉴스가 대부분이었기 때문이다.

바쁜 젊은이들은 쏟아지는 어른들의 모바일 메시지에 일일이

답할 여력이 없다. 이런 상황이 길어지면 메시지가 와도 제대로 읽지 않고 간혹 형식적인 답만 건네게 된다. 한편으로는 이렇게 하는 게 자식 된 도리가 아닌 것 같아 마음이 편치 않다. 사실 그들은 어른들에게 제발 이런 무의미한 그림이나 출처도 불분명한 글을 보내지 말라고 하고 싶을 것이다. 실제로 무차별적인 메시지 폭격은 받는 사람에게 부담이 된다. 그러나 익숙한 시각에서 벗어나 메시지를 보내는 사람의 입장에서 생각해보면 이 하찮게 보이는 작은 행동에 그들의 마음이 담겨 있음을 알게 될 것이다.

대부분의 연장자에게 과학기술의 발전은 그들에게 저 먼 곳으로 내팽개쳐지는 것 같은 소외감을 느끼게 한다. 하지만 다행스럽게도 새롭게 발명된 스마트폰의 직관적이고 편의성 높은 설계는 그들이 세상의 변화에 적응할 기회를 만들어줬다. 아마 그들은 이모티콘을 보내고 메시지를 공유하는 일만으로도 스스로 시대에 발맞추는, 대단한 일을 하고 있다고 생각할 것이다.

그들은 관심 있는 사람에게 메시지를 보내면서 스스로 존재할 가치가 있다고 느끼곤 한다. 그리고 어쩌면 당신의 답장을 바라지 않을 수도 있다. 그저 메시지를 보냄으로써 자신이 세상과 연결되어 있다고 느끼고 싶은 것이다.

메시지를 발송하는 순간 그들은 이미 자신이 바라는 인정과 소속감을 얻는다. 당신이 답장을 하지 않는다고 해도 그들의 행복에 큰 영향을 끼치지 못한다. 당신의 포용이 이 행복을 좀 더 연장

해줄 수 있는 것은 사실이지만 말이다.

또한 주기적으로 메시지를 보내는 습관은 시각을 달리해서 보면 상대에 대한 관심과 애정이다. 이런 묵약 속에 가장 진실한 사랑이 숨어 있는 것이다.

만약 부모님의 모바일 메시지가 한 편의 무언극이라면 제목은 '터치로 얻은 관심' 정도가 잘 어울릴 것 같다. 이 극에서 당신의 역할은 조연 배우다. 그러니 굳이 대사를 하려 애쓰지 않아도 된다. 당신의 존재만으로도 극의 그림은 이미 완성됐으니 말이다. 부모님이 보낸 메시지에 당신이 읽었다는 표시만 떠도 그들은 즐거워할 것이다.

부모님이 당신에게 어떤 메시지를 보냈는지는 그리 중요하지 않다. 당신이 기억해야 할 것은 부모님의 마음에 당신의 자리가 있다는 사실이다. 이 보이지 않는 마음이야말로 당신이 무엇보다 더 소중히 여겨야 할 존재다.

꼰대들은 모르는
요즘 것들의 속사정

　　　　　　　　　어느 날 식당에 들어가니 중년의 남
녀들이 큰 테이블에 쭉 앉아 있었다. 보아하니 동창회 모임 같았
는데 매우 시끄러웠다. 분위기가 무르익자 그들 중 누군가의 입
에서 이런 화제가 튀어나왔다.

　"요즘 젊은 애들은 진짜….."

　세대 차이라는 주제가 등장하자 마치 기다렸다는 듯 모두가 대
화에 참여하기 시작했다. 그들은 너나없이 요즘 젊은이들에 대한
불만을 마구 쏟아냈다.

　검은 옷을 입은 남자가 격앙된 목소리로 말했다.

　"무슨 일이 있었는지 알아? 한 잡지사 기자가 날 인터뷰하고
싶다고 찾아왔길래 온종일 시간을 내서 인터뷰에 응했는데, 글쎄

나중에 잡지가 나왔다고 얘기도 안 해준 거야. 결국 내 손으로 직접 사 들고 와서야 내 인터뷰가 어떻게 실렸는지 알게 됐다니까. 그 잡지사는 기본적인 예절 교육도 안 하나? 아니면 그 젊은 기자만 그런 거야?"

옆에 있던 남자가 고개를 까닥거리며 말했다.

"그 정도면 양반이지. 난 아르바이트할 학생을 구했는데, 밖에 나가서 전단을 좀 돌리라고 했더니 글쎄 뭐라고 했는지 알아? '줘봤자 아무도 안 보고 환경에도 안 좋은데 홍보 방식을 바꿔보시는 게 어때요?'라고 하는 거야. 나 참, 어이가 없어서."

이번에는 머리를 곱게 단장한 중년 여자가 미간을 찌푸린 채 어이가 없다는 듯 코웃음 치며 말했다.

"그러지 말고 내 얘기 좀 들어봐. 얼마 전에 내가 비서를 뽑았는데 나이가 어린 애거든. 걔한테 내 SNS에 올라오는 내용을 모두 숙지하라고 말했더니 이러는 거야. '사장님, 제가 할 일이 많아서 사장님이 SNS에 올리는 새 글들을 그때마다 볼 수가 없거든요. 그러니까 사장님께서 글을 올리신 다음에 따로 알려주시는 게 좋을 것 같아요'라고 말이야. 아니, 도대체 누가 비서야?"

이후 폭로 내용은 점점 더 과열되었다. 마치 말을 함부로 하는 온 나라의 사회 초년생들은 그들이 다 만나본 것 같았다. 그들의 말을 들어보면 요즘 젊은이들은 좋은 점이라고는 하나도 없는 쓸모없는 존재 같았다.

나는 한쪽에 앉아 묵묵히 그들을 관찰하며 그들이 막 사회에 발을 내디뎠을 무렵의 모습을 상상해보았다. 분명 그들도 지난날 수많은 고난과 아픔을 이겨내고 어렵사리 지금의 자리에 올랐을 것이다. 그들은 얼마나 많이 흔들리고, 얼마나 많은 무시를 받아야 오늘날의 위치에 오를 수 있는지 누구보다 잘 알 것이다.

인생길 위에서 분투하다 보면 자신도 모르게 까탈스러워지기 마련이다. 하지만 중년의 시기에는 서툴기 짝이 없는 젊은이를 포용할 줄 알아야 한다. 아직 햇병아리인 시절 사장이나 팀장을 욕하는 이유는 다른 사람의 공감대를 불러일으켜 자신의 하나 남은 자존감을 지키기 위해서이지만, 베테랑이 되어 직원이나 신입 사원을 질책하는 일은 그저 자신의 알량한 우월감을 지키기 위해서일 뿐이다.

비판은 사람들이 어떤 차이를 마주했을 때 보일 수 있는 가장 직접적인 반응이다. 이해의 간격이 너무 크다 보니 괜히 그 사이에 다리를 놓으려다 깊은 골짜기로 떨어져 상처를 입느니 차라리 벽을 쌓아 맞은편의 이야기를 들으려 하지 않고 흠을 찾아내려 하는 것이다.

중년 남녀들이 너나없이 한마디씩 보태며 젊은이들을 놓고 설전을 벌이는 모습을 보고 있으려니 나 역시 젊은 신입 사원의 행동에 머리끝까지 화가 났던 일이 떠올랐다. 하지만 이와 비슷한 사건이 점차 많아지자 이런 상황에 화를 내는 대신 어떻게 대처

하는 게 좋을지 생각해보게 되었다.

먼 옛날부터 세대 차이는 가장 흔히 볼 수 있는 대립이었다. 실제로 젊은이들은 언제나 가장 좋은 비판의 대상이었다. 권력 구조의 최하층에 있기 때문이다. 가진 것도 발언권도 적은 젊은이들은 그래서 편견에 갇히기 일쑤였다.

본래 '젊음'은 가장 씹어대기 좋은 안줏거리다. 모든 걸 이룬 나이에 아래를 내려다보면 뭘 봐도 하찮고 부족해 보인다. 나는 '딸기족草莓族'(1980~1990년 사이에 출생한 신세대를 가리키는 타이완의 신조어로 겉은 번지르르하지만 속은 물러 터져 끈기와 인내심이 없는 젊은이를 빗대어 부르는 말-옮긴이)이란 꼬리표를 달고 성장한 세대다. 내가 속한 세대는 딸기족이 무슨 뜻인지 채 알기도 전에 게으르고 끈기가 약하다는 평가를 받아야만 했다. 나는 늘 하던 대로 해야 할 일을 했을 뿐이고 특별히 스스로 약하거나 강하다고 느낀 적도 없는데 한순간에 이런 편견에 갇히게 된 것이다. 그 뒤로 '저두족低頭族(휴대전화를 보느라 고개를 숙이고 다니는 사람들을 가리키는 말-옮긴이)', '캥거루족'처럼 어떤 세대를 별칭으로 부르는 것이 사회적으로 유행하기 시작했다.

내 아버지 세대는 매사에 노력이 지나쳐 휴일도 없이 일하며 밤낮으로 돈 버는 일에 매달렸다. 그들에게 과로란 말은 존재조차 할 수 없었다. 과로란 단어 자체가 게으름에 대한 변명에 불과했다. 이 말을 들먹이는 순간 불성실하고 약해 빠진 사람이라는 평가를 들을 수밖에 없었다.

하지만 우리 세대에 와서 주 5일 근무제가 시행되면서 휴식에 대한 의미가 새롭게 정의되었다. 또한 일과 삶의 균형을 추구하는 생활이 중시되고 있다. 나이 든 세대가 흔히 하는 '견뎌내는 힘이 약하다'라는 말은 시선을 달리해서 보면 유연한 태도를 바탕으로 자신의 능력에 한계가 있음을 기꺼이 받아들이고 효율이 없어질 때까지 자신의 자원을 짜내지 않는다는 뜻이 될 수도 있다. 무조건 몰아붙이기보다 효율적으로 일하고, 효율적으로 쉬겠다는 의미다.

중년들이 요즘 젊은이들을 '자기중심적'이라고 손가락질하는 것은 오히려 자신들의 단점을 감추기 위해서일 수도 있다. 용감하지 못해 늘 굴욕을 견디고, 거짓말을 해서라도 평화를 유지하며 자기 생각을 보이거나 진상을 마주하고 싶어 하지 않는 약한 모습 말이다.

한 가지 더 이상한 것은 그들 역시 이 사회가 불공평하고 위선으로 가득 차 있다고 목소리를 높이면서도 정작 젊은이들이 자기주장을 내세우는 건 받아들이지 못한다는 점이다. 젊은이들이 말하는 것들이 그들이 그렇게 얻고 싶어 했던 평등과 자유임에도 말이다. 자기 자신을 제대로 돌아보지도 않고 세대가 다르다는 이유로 무조건 비판만 하는 것이다.

저명한 심리학자인 카를 융Carl Gustav Jung도 다음과 같은 말을 한 바 있다.

"우리가 주목하는 모든 타인의 일은 우리가 자신을 이해하는 데 도움이 된다."

물론 젊은이들은 아직 더 단련하고 성숙해져야 한다. 청춘을 결코 무례함과 경솔함으로 포장해서는 안 된다. 더 큰 세상을 향해 나아가려면 반드시 자신의 부족한 부분을 솔직히 인정하고 개선하려고 노력해야 한다.

내가 속한 세대 역시 스스로 책임질 줄 아는 사람임을 증명하려 노력했다. 또한 올바른 사고를 갖기 위해 끊임없이 공부했다. 마찬가지로 나는 지금의 젊은이들도 언젠가 상대의 입장에서 생각하는 태도와 배려를 배우고 더 멋진 사람으로 성장하리라고 믿는다.

세대 차이를 줄이기 위해서는 자신의 습관적 사고를 되돌아봐야 한다. 만약 언젠가 당신이 자신보다 나이 어린 사람만 보면 저도 모르게 이런저런 흠을 잡는 '청춘 과민증'에 걸렸음을 알게 된다면, 문제가 젊은이에게 있는 것이 아니라 자신의 '인간관계 면역력'이 낮아진 데 있는 것은 아닌지 생각해봐야 한다.

인간관계의 면역력을 높이는 가장 좋은 방법은 항상 열린 마음을 유지하는 것이다. 그러니 젊은 세대에 대해 자신과 다르다고 지적하기보다 축복하는 마음을 가지도록 하자. 또 현재 서툴고 모자라다는 이유로 손가락질받는 청춘도 자책을 멈추길 바란다.

처음부터 잘하거나 완벽한 사람은 아무도 없다. 조금만 더 헤매고 나면 자신의 진정한 길을 찾고 멋진 사람으로 성장하게 될 것이다.

누구나 하루아침에
늙을 수 있다

　　　　　　　만약 당신이 '늙음'을 정의한다면 몇
살부터 노인이라고 부르겠는가? 예전에 나는 '늙는다'라고 하면
주로 '퇴직'을 떠올렸다. 일정한 나이가 되어 일자리에서 물러나
사회와 접촉이 적어지면 생각이 폐쇄적으로 되기 마련이라고 생
각했기 때문이다. 그 때문에 나는 늙었는지 아닌지에 대한 판단
기준이 '나이'라고 생각했다. 하지만 최근 몇 년 동안 업무 관계로
다양한 업종과 사회 계층의 사람들을 만나면서 이 생각이 잘못됐
음을 깨달았다.

　　당신은 '늙는다는 것'이 그렇게 심각한 일이냐고 물을 수도 있
다. 나 역시 이는 앞으로 수십 년은 지나야 고민할 일이라고 생각
했었다. 하지만 누구나 하룻밤 사이에 늙을 수 있다는 것을 알게

된 후로는 늙는다는 것이 더는 남의 일이 아님을 깨달았다.

최근 다양한 인터넷 채널이 등장하면서 내가 작성하던 줄글 형식의 콘텐츠는 거의 쓸모가 없어졌다. 나는 내 글을 더 많이 노출하기 위해 요즘 트렌드를 연구하기 시작했다. 요즘 인기를 끌고 있는 영상이나 각종 채널을 공부하면서 이 세계의 운용 방식이 많이 달라졌음을 깨달았다. 나는 심지어 요즘 유행하는 방송이나 영상들에 대해 '상식적이지 않다'는 결론을 내리기도 했다. 나도 모르는 사이에 시대의 흐름에서 벗어나버린 것이다.

문제는 그 문화가 낯설다고 해서 부정할 수도 없다는 것이다. 내가 인정하지 않는다고 해서 세상의 변화가 멈추는 것은 아니다. 그저 변화에 적응하지 못하는 사람은 자연스럽게 떨어져나갈 뿐이다.

세상은 날로 새로워지고 있는데 나는 이러지도 저러지도 못하고 속수무책이라는 느낌이 들었다. 휴대전화가 고장 난 건 아니지만, 하드웨어 사양이 떨어져 새 프로그램을 구동시키지 못하고 운영 속도가 느려지는 것처럼 말이다.

이는 휴대전화의 잘못일까? 그럴 리가, 휴대전화는 자신이 할 일을 여러 해 동안 묵묵히 해왔을 뿐이다. 단지 소프트웨어의 발전 속도가 너무 빨라 적응하지도, 소화하지도 못하는 것이다. 그렇다고 소프트웨어의 잘못도 아니다. '변화'만이 세상에서 유일하게 변하지 않는 것이고, 소프트웨어의 발전은 사용자를 더 편리하게 해주겠다는 자신의 역할에 충실한 결과다. 오히려 손뼉을 쳐줘야 옳다.

휴대전화 제조사 노키아Nokia의 전 회장 요르마 올릴라Jorma Ol-lila는 노키아를 마이크로소프트에 매각하며 다음과 같이 말했다.

"우리는 잘못한 것이 없는데도 패배하고 말았다."

만약 10년 전의 나였다면 이 말의 깊은 뜻을 이해하지 못했을 것이다. 하지만 마흔을 앞둔 지금은 공감하는 바가 매우 크다.

컴퓨터나 휴대전화, 전자제품 등 기계도 이렇게 쉽게 교체되고 버려지는데 사람은 어떻겠는가. 나는 이렇게 뒤처지다 결국 살아남지 못하게 될까 봐 겁이 났다. 거울 속 나는 아직 젊은 것 같았지만, 시대의 흐름에서 서서히 밀려나고 있다는 사실은 인정하지 않을 수 없었다. 나는 두려운 마음에 어찌할 바를 몰라 하다 부인과 비판의 말들로 자존심을 지키려 했다.

"인터넷 방송이라고 해봤자 무슨 내용이 있는 것도 아니잖아. 밥 먹고, 잠자고 그런 걸 보여준다니 너무 거저먹는 거 아니야?"

"책을 보며 깊게 사유할 시간을 갖지 않고 이런 오락 위주의 콘텐츠에만 관심을 쏟으려 하다니. 그런 인생은 아무 의미가 없는 거라고!"

"사람들 간의 소통이 이렇게 파편적이니 앞으로 세상은 어떻게 변해갈까?"

한참 불만을 터뜨리다 보니 지금 내 모습이 지난날 내가 눈살을 찌푸리며 무시하던 '구세대'와 너무도 닮아 있음을 알아챘다. 당시 그들도 우리 세대를 보며 이렇게 투덜대곤 했다.

"온종일 컴퓨터만 하니까 제대로 된 생각은 할 줄도 모르지."

"업무 내용을 전화 말고 이메일로만 보내다니. 너무 성의 없는 거 아니야?"

나는 그런 어른들을 보면서 융통성이 없고 고리타분하다며 분통을 터뜨리곤 했다. 그 업보가 내게 이렇게 빨리 돌아올 줄은 미처 모르고 말이다.

그리고 문득 깨달았다. 내가 한 말들은 겉으로 보기에는 요즘 젊은이들에 대한 당부나 걱정 같지만 사실 그 안에는 차마 입 밖으로 내뱉지 못한 두려움과 걱정이 담겨 있음을 말이다. 지난 세대가 컴퓨터를 두려워했다면, 우리 세대는 스마트폰은 물론이고 새로운 이름의 디지털 기기와 프로그램 등 적응하지 못할까 봐 겁을 낼 것들이 훨씬 많아졌다. 알고 보니 '늙는다는 것'은 나이의 증가가 아닌 두려움의 누적을, 생리적 제한이 아닌 심리적 폐쇄성의 정도를 뜻하는 것이었다.

젊은 시절 나는 컴퓨터 타자를 빨리 치지 못하는 어른들을 이해할 수 없었다. 당시의 나는 어른들 세대보다 내가 속한 세대가 최신 과학기술을 접할 기회가 훨씬 많다는 사실을 깨닫지 못했다. 내 세대의 사람들은 빠르게 손가락을 움직이는 능력이 마치 DNA의 일부처럼 자연스럽다. 마찬가지로 인터넷과 함께 성장한 요즘 아이들은 따로 공부하지 않아도 마치 숨 쉬는 것처럼 어렵지 않게 인터넷 세상을 활보한다.

예나 지금이나 젊은 세대는 시대의 변화에 적응할 수 있는 우월한 조건을 갖추고 있다. 중요한 것은 각 세대가 서로 배척하기보다 조화를 이룸으로써 더 나은 결과를 만들어내는 일이다. 이것이 바로 발전의 가치이기 때문이다.

예를 들어 당신이 산업혁명 시대에 살고 있다고 해보자. 당신은 호미를 든 농부에게 기계를 다룰 줄 모르니 게으르고 발전을 모른다고 손가락질할 수 없다. 이는 옳고 그름의 문제가 아니며, 단지 서로를 둘러싼 시간의 거대한 수레바퀴가 각자 다른 방향으로 구른 것일 뿐이기 때문이다. 당신은 농부에게 시대를 따라오라고 격려할 순 있어도 그가 하는 일이나 신봉하는 가치를 구태의연하고 쓸모없다며 얕잡아 볼 수 없다.

마찬가지로 당신이 이 시대를 살면서 변화에 발맞춰가는 게 버겁다고 해서, 또는 가지고 있는 꿈이 시대의 흐름과 다르다고 해서 자신의 안목이 없다거나 능력이 뒤처지는 건 아닌지 걱정할 필요도 없다.

어느 세대든 어떤 관념 혹은 기술의 원주민이었다가 시간이 흐르면 이주민이 되게 마련이다. 당신이 낯선 환경에 들어섰을 때 초조하고 서툰 것은 당연한 일이다. 그러나 낯선 것들이 반드시 당신을 해치는 나쁜 존재는 아니라는 점을 기억해야 한다. 더 행복한 삶을 살기 위해서는 이러한 변화를 즐기는 마음으로 대하고 이해해야 한다.

　이런 생각을 하게 됐을 때 나는 비로소 그동안 내가 요즘 문화를 포용하지 못하고 비판이 지나쳤음을 깨달았다. 또 자기 세대와 다른 언어를 배운다는 것은 생소하고 어색한 일이지만 호기심을 가지고 받아들이려 한다면 생각의 노화를 늦출 수 있음을 알게 되었다. 나는 이제 영원히 가장 젊은 생각은 하지 못할 수도 있다. 그러나 적어도 변화를 피하지는 않을 것이다.

　당신에게 이 주제는 아마 먼 이야기처럼 느껴질지도 모르겠다. 하지만 언젠가 뒤로 밀려난 것 같다는 기분이 들 때, 지금 내가 하는 말을 기억하길 바란다. 변화를 피하지 않고 정면으로 맞서는 일만이 당신을 더 나은 사람으로 만들어줄 것이다.

마음속 소리를 듣고 싶으면
귀마개를 껴라

누구나 살면서 생각지도 못한 고비와 선택의 갈림길을 마주하게 된다. 이때 당신은 적극적으로 외부에 의견을 구하는 편인가, 아니면 멈춰 서서 자신이 원하는 것이 무엇인지 스스로 물어보는 편인가?

사람들은 어려운 문제일수록 자신의 마음속 소리에 귀를 기울이며 내면에서 답을 찾아야 한다고 말한다. 하지만 이는 생각보다 쉽지 않은 일이다. 살다 보면 너무 바빠서 잠시 멈추어 생각할 시간조차 갖지 못할 때가 많기 때문이다. 또한 나만의 시간이 생겨도 자신의 소리에 귀 기울이기보다 타인의 기대, 열등감, 과거의 기억 등에 얽매이게 된다.

우리 머릿속은 물론, 세상은 너무 소란스럽고 시끄럽기 때문에

'대강 이렇게 하면 되겠지'라며 넘어가려는 사람들은 종종 길을 잃기 쉽다. 그러므로 스스로 더 많은 노력을 기울여야 어떤 것이 순수하게 자신의 마음에서 들려오는 생각인지, 또 어떤 것이 혼잡한 머릿속이 만들어내는 잡음인지 구분하고 올바른 선택을 할 수 있다.

나 역시 내 마음속 소리를 듣기 위해 끝없이 노력했다. 하지만 이는 찬란한 무지개와 같아서 쉽게 잡을 수가 없었다. 그러던 어느 날 아침, 나는 비로소 '마음에서 들려오는 소리'가 무엇인지 깨닫고 거기에 다가가는 입구를 찾게 되었다.

당시 나는 고민하던 일이 있었는데, 며칠을 쉽게 마음을 정하지 못하고 잠을 설치곤 했다. 엎친 데 덮친 격으로 밖에서 주워 온 고양이 뻥튀기가 사람의 생활 패턴이 낯설었는지 한밤중에도 울어대며 잠을 깨우곤 했다.

이런저런 시도를 해봤지만 고양이를 재울 방법은 없었다. 녀석에게 쉽게 이길 수 없었던 나는 장기전을 결심했다. 뻥튀기가 시끄럽게 굴 때마다 번번이 일어나 조용히 시킬 순 없는 노릇이니까.

선전포고는 쉬웠지만 대치는 절대 만만치 않았다. 며칠간 수면 부족에 시달리며 정신이 붕괴하기 직전에 이른 나는 결국 가장 원시적인 무기인 귀마개를 꺼내 들었다. 세상의 모든 소리와 단절된 채 꼼짝 않고 있으면서 뻥튀기를 아침형 고양이로 바꾸겠다고 맹세했다.

이런저런 고민을 하다 지쳐 잠이 들었다가 침실에 햇빛이 들 무렵 정신을 차린 나는 침대에서 일어나려다 문득 강하고 힘 있는 '쿵쿵' 소리를 듣게 됐다. 처음에는 위층 이웃의 발걸음 소리인 줄 알았는데, 자세히 들으니 아닌 것 같았다. 발걸음 소리라고 하기에는 너무 일정했기 때문이다.

나는 눈을 감고 가만히 귀를 기울여보았다. 그 소리는 규칙적이고 안정적이며 단순하지만 사람을 안심시키는 힘이 있었다. 나는 박자를 세며 묵묵히 리듬을 맞추다 다시 잠을 청했다. 그러자 갑자기 현실의 복잡한 문제와 고민들이 내 머릿속에 떠올랐다. 어쩐지 불안한 마음이 들면서 도망가고 싶다는 생각이 들었다. 하지만 평온한 '쿵쿵' 소리에 다시 귀 기울이자 점차 안정을 되찾게 되었다.

그때 누군가가 "인생의 가장 뛰어난 경지는 풍성한 안정의 상태에 있을 때다"라고 했던 말이 기억났다. 안정적이면서도 풍성하다니, 얼마나 모순적인가. 하지만 나는 쿵쿵거리는 그 소리를 들으며 정말 풍성한 안정을 느꼈다. 그 소리는 마치 넘쳐나는 부정적인 생각이 사라질 때까지 조용히 머물 수 있도록 누군가가 마련해준 나만의 작은 공간 같았다.

나는 그 쿵쿵거리는 소리가 마음속 깊은 곳에서 울리는 선율임을 확신했다. 바로 그때 그 소리가 내 심장이 뛰는 소리임을 깨달았다. 귀마개를 한 덕에 내 몸의 가장 순수한 율동을 느낄 수 있었

던 것이다. 그 쿵쿵거리는 울림은 한 걸음 한 걸음 여유롭게 다가
와 '너는 강한 사람이야', '너는 할 수 있어'라고 일깨워주는 것 같
았다.

그 순간, 나는 뭐라 표현할 수 없는 감동을 느꼈다. 그리고 '자
신의 마음속 소리를 듣는다는 것'은 머릿속에서 만들어낸 모든
생각이 사라지고 이렇게 가장 원시적인 박동을 느끼는 일이라는
생각이 들었다.

그때 이후로 나는 초조하고 불안할 때면 귀마개를 끼고 나만의
작은 우주로 돌아가 마음의 소리에 귀 기울이며 진정한 나 자신
을 되찾으려 한다. 이런 깨달음을 얻고 나니 내가 머릿속에서 끊
임없이 만들어냈던 부정적인 생각들이 더는 내 귀를 찌르거나 정
신을 혼란스럽게 하지 않았다.

만약 당신이 과거의 후회나 미래의 불안에 휘둘려 안정을 찾을
수 없다면, 귀마개를 끼고 자신의 마음속 소리에 집중해보기 바
란다. 부정적인 생각과 주변의 기대를 버리고 진짜 자신과 마주
했을 때, 지금 여기에 마음이 있다면 세상에 어려울 일은 하나도
없다는 사실을 깨닫게 될 것이다.

"지금 흔들리고 있는 청춘은 자책을 멈추길 바란다.
조금만 더 헤매고 나면 진정한 자신의 길을 찾게 될 테니까."

옮긴이 정세경

북경 영화 대학에서 수학한 뒤 싸이더스 픽처스에서 근무했다. 현재 중국어 출판 기획자 및 번역가로 활동하며 자기계발, 심리학, 철학, 소설, 교양 등 다양한 분야의 책을 번역하고 있다. 주요 역서로는 『매일 심리학 공부』, 『내 나이 또래, 중년의 당신에게』, 『잠시 멈춤이 필요한 순간』, 『집의 모양』, 『관능과 도발의 그리스 로마신화』, 『내 삶을 내 것으로 만드는 것들』, 『너의 세계를 지나칠 때』, 『인민의 이름으로』 등이 있다.

90년생만 이해할 수 있는
41가지 인생 띵언

진작 이렇게
생각할 걸 그랬어

초판 1쇄 인쇄 2019년 7월 2일
초판 1쇄 발행 2019년 7월 12일

지은이 양지아링
옮긴이 정세경
펴낸이 김선준

책임편집 문주영
편집팀장 마수미 **편집팀** 배윤주, 채윤지
디자인 김미령
마케팅 오창록, 장혜선

펴낸곳 포레스트북스 **출판등록** 2017년 9월 15일 제 2017-000326호
주소 서울시 마포구 동교로 64-9, 2층
전화 02) 332-5855 **팩스** 02) 332-5856
홈페이지 www.forestbooks.co.kr **이메일** forest@forestbooks.co.kr
종이·출력·인쇄·후가공·제본 (주)현문

ISBN 979-11-89584-30-6 (03190)

포레스트북스(FORESTBOOKS)는 독자 여러분의 책에 관한 아이디어와 원고 투고를 기다리고 있습니다. 책 출간을 원하시는 분은 이메일 writer@forestbooks.co.kr로 간단한 개요와 취지, 연락처 등을 보내주세요. '독자의 꿈이 이뤄지는 숲, 포레스트북스'에서 작가의 꿈을 이루세요.